Stb

Uwe Karstädt

Ganz in meinem Element!

Die Kraft der Persönlichkeit in den Fünf Elementen entdecken

© 1998 by Kösel Verlag GmbH & Co., München

ISBN 3-89767-472-6

Ab 2007: ISBN 978-3-89767-472-6

2. Auflage 2006

© 2005 Schirner Verlag, Darmstadt
Alle Rechte für die deutsche Taschenbuchausgabe vorbehalten

Umschlaggestaltung: Murat Karaçay
Satz: Eleni Efthimiou
Herstellung: Reyhani Druck und Verlag, Darmstadt
www.schirner.com

Inhaltsverzeichnis

Die Fünf Elemente

Die Fünf Elemente im Zusammenspiel

Vorwort

Dieses Buch entstand aus dem Bedürfnis, die Weisheit einer jahrtausendealten Philosophie in Worte zu fassen und damit unserem westlichen Kulturkreis zugänglich zu machen. Das Interesse unserer heutigen Zeit ist zwar überwiegend auf die Zukunft, auf neue Methoden und Wissen ausgerichtet, erweckt aber zugleich auch den Wunsch, mehr über unsere Herkunft und somit unsere Wurzeln zu erfahren.

Dies mag eine Erklärung dafür sein, warum sich der fortschrittsorientierte Westen in den letzten Jahren verstärkt mit den Einsichten und Praktiken östlicher Philosophien, Religionen und Heilweisen beschäftigt. Qi-Gong, Kung Fu, Tai Chi, Akupunktur oder Feng Shui gehören zu den Begriffen, die uns noch vor 20 Jahren fremd waren, heute jedoch vielen geläufig sind.

Als ich 1986 begann, Chinesische Medizin zu studieren, war es die Lehre von den *Fünf Elementen,* die mich von Anfang an am meisten faszinierte. Die Selbstverständlichkeit, mit der die alten Heiler die Verbindung sahen von der uns umgebenden Natur und der inneren Dynamik des Menschen, hinterließ einen tiefen Eindruck auf mich. In meiner Tätigkeit als Heilpraktiker und Dozent für Chinesische Medizin widme ich mich seither intensiv dieser Lehre.

Die Lehre von den Fünf Elementen bietet jedoch nicht nur dem Fachmann, sondern auch dem interessierten Laien ein unerschöpfliches Potential an Erkenntnissen über unsere körperliche, seelische und spirituelle Beschaffenheit.

China ist bis zum heutigen Tag vom Geiste des Taoismus sowie des Philosophen Konfuzius geprägt. Aus dessen Weltanschauung geht hervor, dass Glück und Zufriedenheit des Einzelnen sich aus dem Wohlergehen eines sozialen Verbundes wie der Familie, der Dorfgemeinschaft oder des Staates ergibt. Folglich geht es dem Menschen gut, wenn er seinen rechtmäßigen Platz in der Gemeinschaft gefunden hat und in Harmonie mit seinem sozialen Umfeld lebt. Daher rückte die Psychologie des Einzelnen in den Hintergrund, während die Zusammenhänge der Gesellschaft ausführlich beschrieben wurden.

In der westlichen Kultur hingegen kam man durch die Betonung der Entwicklung des Individuums zu einer fast gegensätzlichen Erfahrung. Man geht davon aus, dass der Mensch, wenn er sich seinem Talent und innerem Potential entsprechend verwirklicht hat, zu einem wertvollen Mitglied der Gesellschaft wird. Hier liegt der Fokus auf der Entdeckung der inneren Zusammenhänge seiner Gefühle, Gedanken und seiner Verhaltensmuster. Eine Flut von Büchern über die Psychologie des Menschen zeugt von dieser Ausrichtung.

In der Fünf-Elemente-Lehre war der Aspekt der Psyche ebenfalls selbstverständlicher Teil der Philosophie, und es gibt Hinweise auf die Bedeutung von Emotionen und Seelenkräften, die jedem dieser Elemente innewohnen. Doch während die Zusammenhänge der körperlichen Symptome in vielen Büchern der Chinesischen Medizin ausführlich beschrieben werden, lagen grundlegendes Wissen und Einsichten um die psychischen und spirituellen Zusammenhänge lange Zeit versteckt wie in einem Seidenkokon. Man findet sie jedoch in den Namen der Akupunkturpunkte oder zwischen den Zeilen von alten – oft poetischen und geheimnisvollen – Texten.

Um die Weisheit dieses erprobten Systems für uns leichter verständlich zu machen, benutze ich in diesem Buch Analogien, Metaphern und Bilder, die unserem westlichen Sprach- und Erfahrungsschatz entsprechen. Des Weiteren habe ich mich in diesem Buch bemüht, die Terminologie so einfach wie möglich zu halten, um keine Distanz durch »Fachchinesisch« zu schaffen. Trotzdem bleiben einige chinesische Worte erhalten wie Yin, Yang oder Qi, die nur zu umschreiben, aber nicht zu übersetzen sind. Diese Worte werden im Glossar auf Seite 235ff. gesondert erläutert.

Den geschilderten Persönlichkeitstypen gab ich Namen wie *Abenteurer, Magier, Vermittler, Richter* und *Sucher,* um sie als reale Person vor dem geistigen Auge entstehen zu lassen, doch dadurch entstand die Problematik der weiblichen und männlichen Form der Typisierungen. Jeder Persönlichkeitstyp kommt natürlich in beiderlei Geschlechtern vor. In der deutschen Sprache ist jedoch fast nur die männliche Form geläufig. Ich habe mich für die übliche, im Sprachgebrauch gewohnte und damit flüssige Form entschieden. Ich hoffe, die Leserinnen können mir dies nachsehen.

Manche der chinesischen Fünf Elemente erinnern von ihrem Namen (Feuer, Wasser, Erde) an die Elemente in der Astrologie oder des Ayurveda. Doch auch wenn es einige Übereinstimmungen gibt, muss man die Entsprechungen auseinanderhalten. (So sind beispielsweise viele der aus der Astrologie bekannten Feuereigenschaften dem chinesischen Element Holz zugeordnet.) Ein System wie das der Fünf Elemente ist ein Erklärungsmodell, das in seinem System folgerichtig und vollständig ist. Sie vereinen oder ergänzen zu wollen bringt nur Verwirrung.

Zuletzt möchte ich noch vor einer Falle warnen, die jedem System zugrunde liegt: Die Typisierungen der Fünf Elemente sind Modelle, an denen man sich selbst erforschen, wiedererkennen und somit mehr über sich erfahren kann, indem sie Licht auf blinde Flecken der inneren Landkarte werfen. Wer dieses uralte Wissen so zu nutzen versteht, dem kann es ein Spiegel sein, in dem die eigene Persönlichkeit deutlich reflektiert wird. Gleichwohl sind Typisierungen eine Zusammenfassung von Eigenschaften und könnten dazu verleiten, sich und andere zu kategorisieren und abzugrenzen. Doch wir sind Menschen und keine Typen. Die Persönlichkeitstypen, wie sie in diesem Buch beschrieben werden, kommen in ihrer Reinform nicht vor. Es gibt nicht nur fünf Menschen mit Millionen von Kopien. Jeder ist einzigartig.

Einleitung

Der Ursprung der chinesischen Weltanschauung

Der Wunsch, die Welt zu verstehen, ist so alt wie die Menschheit selbst. Schon in den ältesten Aufzeichnungen oder mündlichen Überlieferungen aller Völker trug man Wissen zusammen, um die Zusammenhänge des Lebens zu erfassen und sie aus dem Dunkel des Zufälligen ins Licht des Vorhersehbaren zu holen. Der Glaube an zürnende oder wohlwollende Götter, Dämonen und Geister bezeugten ein Bild menschlicher Ohnmacht. Naturkatastrophen oder Krankheit und Tod erschienen willkürlich und unabwendbar. Hilflos den Launen der Natur ausgesetzt, erwuchs das große Verlangen der Menschen, Zusammenhänge zu erklären und zu verstehen, um damit aus eigener Kraft helfend und vorausschauend eingreifen zu können.

In allen Kulturen der Welt entwickelten sich durch genaues Beobachten der Umwelt sowie durch meditative Innenschau und Intuition Systeme, in denen sich die Realität einordnen und erläutern ließ. Aus der ganzheitlichen Anschauung der Naturvölker entwickelte sich in der westlichen Hemisphäre ein analytischer

Ansatz: Man versucht, das Ganze in immer kleinere Teile zu zerlegen und zieht dann Rückschlüsse auf die Gesamtheit. Viele wissenschaftliche Zweige wie zum Beispiel die Atomphysik, Chemie und die westliche Medizin gehen auf diese Weise vor. Die daraus folgende immer größere Spezialisierung auf immer kleinere Teilchen mit dem Verlust des Gesamtbildes ist ein Vorwurf, den sich diese Wissenschaften oft anhören müssen. Der Arzt sieht nur den Körper, der Psychologe nur die Seele, der Augenarzt die Augen, und der Internist wertet Daten von Blut und Urin aus.

Für einen in östlicher Medizin ausgerichteten Heiler ist es unverständlich, dem Geheimnis von Disharmonie im Körper – denn so bezeichnet er Krankheit – auf die Spur zu kommen, indem Blut untersucht wird, das aus dem Zusammenhang des Körpers, also des Lebens gerissen wurde. Was er erforschen will, ist die Lebensenergie »Qi«, die er aber in totem Gewebe oder Blutkörperchen nicht entdecken kann. Das Qi ist nicht zu finden, indem man Lebewesen seziert und nach ihm sucht. Manche törichten Wissenschaftler forschten nach der Seele, indem sie Körper öffneten, um den Platz des Geistes aufzuspüren. Nachdem sie nichts fanden, verneinten sie dessen Existenz.

In der östlichen Tradition strebt man nach dem Verständnis über das Wechselspiel der Kräfte. Die Menschen beobachteten genau die Gestirne, das Kommen und Gehen der Jahreszeiten, Tag und Nacht, Geburt und Sterben, das Auf und Ab von Gefühlen, Gedeih und Verderb der Tier- und Pflanzenwelt. Man entdeckte immer wiederkehrende Entwicklungsstadien im Ablauf eines Lebens.

Die chinesischen Philosophen erkannten Ähnlichkeiten und Synchronizität äußerer Erscheinungen und Abläufe mit den inneren Rhythmen des Menschen. Sie veranschaulichten ihr Weltbild durch die Vorstellung der bipolaren Kräfte des *Yin* und *Yang* sowie der fünf elementaren Energien: *Holz, Feuer, Erde, Metall* und *Wasser*.

Seit Jahrhunderten sind alle wesentlichen Bereiche fernöstlicher Kultur von diesen umfassenden Konzepten beeinflusst: die chinesische Medizin mit Akupunktur, Shiatsu und Kräuterheilkunde; die Architektur und Feng Shui, die Lehre von den Auswirkungen der Elementarkräfte der Natur auf Wohn- und Arbeitsbereiche; die Bewegungs- und Meditationstechniken wie Tai Chi Chuan und Qi Gong, die Kampfsportart Kung-Fu, Kochkunst, Taoismus und Astrologie – sie alle stehen auf dem Boden der erwähnten Konzepte chinesischer Tradition.

Yin-Yang und die Fünf Elemente

Das Yin-Yang-Modell beschreibt die Grundspannung der Schöpfung wie den negativen und positiven Pol eines Magneten. Als Ausdruck derselben Basisenergie brauchen und ergänzen sich Yin und Yang und sind – entgegen mancher Fehlinterpretation – nicht zwei verschiedene Energietypen. Yin und Yang sind als Energiephänomene Phasen zyklischen Wechsels unterworfen, wobei sich das Yin in das Yang transformiert und das Yang wiederum in das Yin. Kohle (Yin) erzeugt die heiße Flamme (Yang) und zerfällt wieder zu Asche (Yin). Das eine kann ohne das andere nicht existieren und wird erst durch die Abgrenzung zu seinem Gegenpol bestimmt. Dunkelheit definiert sich erst durch das Wissen von Licht. Yin und Yang sind immer relativ zueinander. Ein Eskimo beispielsweise empfindet die Nullgradgrenze als warm, ein Beduine als kalt.

Yin – Yang im Makrokosmos

Kategorien	Yin	Yang
Gestirne	Mond	Sonne
Jahreszeit	Winter	Sommer
Tageszeit	Nacht	Tag
Temperatur	kalt	heiß
Licht	dunkel	hell
Gewicht	schwer	leicht
Seinszustand	Materie	Energie
Richtung	ab- und einwärts	auf- und auswärts
Bewegung	langsam	schnell
Modus	passiv	aktiv

Yin und Yang verkörpern keine statischen Aussagen über einen festen Energiezustand, sondern nur Beschreibungen des Augenblicks. Wie ein Foto von einer Sportszene verhüllt es die Dynamik und kann irreführend sein, wenn man es nicht als momentane Darstellung versteht.

Zur Beschreibung des Lebens geben die scheinbaren Gegensätze (siehe Übersicht auf Seite 16) sozusagen ein Schwarzweißbild mit all seinen Schattierungen ab. Mit den Fünf Elementen differenziert man weitere Ausdrucksformen der Lebensenergie und gibt damit Farbe zum Bild. Yin (Dunkelheit) und Yang (Licht) bestimmen den Tag-Nacht-Rhythmus. Gleichwohl sind es die Fünf Elemente, durch die dieser Tagesablauf zum farbenfrohen Bild wird: Holz beschreibt die Morgendämmerung, Feuer den Mittag, Erde den Nachmittag, Metall den Abend und das Wasser die Nacht.

Auch das menschliche Leben kann man als Wechselspiel der Yin-Yang-Kräfte, von Wachsen und Vergehen, Geburt und Tod beschreiben. Und wiederum sind es die Fünf Elemente, die das Bild des menschlichen Daseins in all seinen Nuancen beschreiben und ausleuchten: Die expansive Kraft des Holzes bestimmt das Wachstum der Kindheit und Jugend, das extrovertierte Feuer den jungen Erwachsenen in seiner vollen Blüte, die Reife der Erde den Menschen in seiner Lebensmitte, das einsetzende Alter ist geprägt durch Rückbesinnung und Aussortieren des Erfahrenen: der Energie des Metalls. Der alte Mensch lenkt seine Energie nach innen und kommt mit dem Tod zurück zum Ursprung allen Lebens: dem Wasser.

Die Fünf Elemente beschreiben den Wandel in der Natur, die Transformation von Ausdehnung, Vollendung, Reife, Zusammenziehen, Festigung und dem erneuten Beginn der Entfaltung. Dabei ist es immer *eine* fundamentale Kraft, die das Lebensalter oder die Jahreszeit prägt. Das Wesen und der Ausdruck der jeweiligen Phase lässt sich anhand von Bildern, Metaphern, Analogien und Symbolen beschreiben. Zum besseren Verständnis wird *eine* dieser Energieformen gegen die vier anderen abgegrenzt.

Man sollte allerdings niemals vergessen, dass im gefrorenen Boden des Winters (Wasser) der Same für den Sprössling (Holz) liegt, in jeder Blüte (Feuer) das Potential zur Frucht (Erde). Die Fünf-Elemente-Theorie ist gekennzeichnet durch die Verbindungen und Zusammenhänge und verliert niemals das Ganze aus dem Auge. Jedes Element, das sich im Vordergrund darbietet, ist auf die anderen vier Elemente und deren harmonisches Wirken im Hintergrund angewiesen.

Jeder Mensch beherbergt alle diese Grundformen der Energien in sich und vermag sie in den Vordergrund zu rücken, wenn es erforderlich ist. Die werdende Mutter beispielsweise wird ihre Erde aktivieren, um den Anforderungen dieser Lebensphase gerecht zu werden. Auch wenn sie vom Persönlichkeitstyp her ein Sucher (Wasser) oder ein Abenteurer (Holz) ist (siehe auch Seite 21), beruft sie sich jetzt verstärkt auf die umsorgenden und nährenden Eigenschaften des Elements Erde, die ihr immer zur Verfügung stehen. Jedoch wird sich die eine – um sich zu regenerieren – mit einem Buch in eine Ecke zurückziehen, während sich die andere auf ihr Mountainbike schwingt, um sich auszutoben.

Die Kräfte der Fünf Elemente agieren in der äußeren Welt und gestalten den Makrokosmos. Die zugrunde liegende Annahme in der chinesischen Philosophie besagt, dass ähnliche Kräfte aber auch auf den Mikrokosmos, nämlich alle Lebewesen und deren Lebensformen, einwirken. Körper und ihre Organe, Psyche und Geist, Gesellschaft und Kultur unterliegen denselben Einflüssen und kosmischen Gesetzen, ihre Kräfte transformieren sich in ähnlichen Rhythmen. Selbst Staatsgeschäfte im alten China wurden unter Bezugnahme auf dieses System abgewickelt: So sollten zum Beispiel Eroberungen (Holz) von Zeiten des Ausgleichs und Vereinigung (Erde) und der Konzentration der Kräfte (Metall) gefolgt sein.

Auch Gesundheitsvorsorge und Behandlung von Krankheiten in der chinesischen Medizin folgen diesen Prinzipien: Man kennt die Zeiten verstärkten Qi-Flusses zu bestimmten Tages- oder Nachtzeiten und handelt entsprechend. Man weiß um das Zusammenspiel von Organen, von Körper und Psyche, vom Einfluss der Klimafaktoren auf körperliche und seelische Gegebenheiten. Die verwendeten Analogien klingen in den Ohren von westlichen Medizinern jedoch ungewohnt und seltsam, wenn beispielsweise eine Drehschwindelattacke als innerer Wind bezeichnet wird. Gleichwohl können wir die Analogie nachvollziehen: das unstete, plötzliche Wesen des Windes, der nach oben steigt und das Gleichgewicht durcheinander bringt.

Die der Natur entlehnte Terminologie entspricht jedoch der Sichtweise der chinesischen Medizin um natürliche Zusammenhänge, die manchen westlichen Spezialisten verloren gegangen sind. Die Diagnose des energetischen Zustands von Yin und Yang und den Fünf Elementen – und letztendlich die erfolgreiche Behandlung – geben dieser jahrtausendealten Heilmethode recht.

Dabei sind Zusammenhänge durchaus auch in unserer Alltagserfahrung zu finden: Der Wind, das Organ Leber wie auch die Gefühle von Ärger und Gereiztheit werden zum Beispiel dem Element Holz zugeordnet. Für die Süddeutschen ein bekanntes Phänomen, wenn nämlich der warme Föhnwind weht und die Münchner anfangen zu »granteln«. Dabei kann Alkohol, der die Leber belastet, die Symptome noch verstärken.

Die Fünf Elemente im Makrokosmos

Kategorien	Holz	Feuer	Erde	Metall	Wasser
Kraft	Ausdehnung	Vervollkommnung	Übergang	Zusammenziehen	Festigung
Jahreszeit	Frühling	Hochsommer	Spätsommer	Herbst	Winter
Klima	Wind	Hitze	Feuchtigkeit	Trockenheit	Kälte
Himmelsrichtung	Osten	Süden	Mitte	Westen	Norden
Tageszeit	Morgen	Mittag	Nachmittag	Abend	Nacht
Lebenszeit	Geburt	Wachstum	Reifung	Abbau	Tod
Pflanzen	Sprößling	Blüte	Frucht	Heu	Samen
Farbe	Grün	Rot	Gelb, Ocker	Weiß	Schwarz, Violett
Geruch	ranzig	verbrannt	duftend	faulig	verwesend
Geschmack	sauer	bitter	süß	scharf, pikant	salzig

Die Persönlichkeitstypen
der Fünf Elemente

Wie bereits erwähnt, ist nach der chinesischen Philosophie die Art, wie wir uns in der Welt bewegen, bestimmt von der Kraft *einer* der Fünf Elemente. Unsere Neigungen und Ziele, unsere geistigen Grundeinstellungen und unsere Persönlichkeit sind Ausdruck eines dieser Elemente. In unserem tiefsten Kern werden wir von seiner Schwingung geprägt.

Gemäß dieser Grundenergie sehen wir die Umwelt wie durch einen Filter und reagieren auf sie – bewusst oder unbewusst – mit entsprechenden Gefühlen, Handlungen und Verhaltensweisen. In der Natur können wir diese Energie fühlen, riechen, schmecken, hören und beobachten, in unserem menschlichen Dasein formt sie unseren Körper und verleiht unserer Seele seine charakteristischen Merkmale. Sie unterscheidet uns von anderen Mitmenschen, in ihr fühlen wir uns zu Hause, aus ihr schöpfen wir Kraft, wenn wir uns erholen wollen. Sie ist die Quelle, aus der wir trinken.

Wenn wir uns von dieser Grundschwingung leiten lassen, werden wir in unserem Wesen erkannt: »Das war wieder ganz typisch für dich.« *Wir fühlen uns ganz in unserem Element.* Die fünf elementaren Energien prägen fünf Persönlichkeitstypen: Holz den *Abenteurer,* Feuer den *Magier,* Erde den *Vermittler,* Metall den *Richter* und Wasser den *Sucher.*

Im Spiegel dieser Persönlichkeitstypen können wir uns

selbst entdecken, unsere Stärken und Schwächen, Neigungen, Talente und Konflikte. Die gewonnene Einsicht und Selbsterkenntnis in unsere wahre Natur, in die Triebfeder unseres Handelns, vermag ein Meilenstein auf dem Weg zu mehr Klarheit und Eigenverantwortung in unserem Leben sein. Im Wissen um die größeren Zusammenhänge unseres Körpers wie auch unserer Seele besteht die Möglichkeit, bewusst zu wählen – zu tun, was uns nützt, und zu vermeiden, was uns schadet.

Die Fünf Elemente

Holz 木

Feuer 火

Erde 土

Metall 金

Wasser 水

Holz – Der Abenteurer

Das Element Holz

Typisch für das Wesen dieses Elements ist der Baum. Er gilt als Sinnbild von Lebenskraft und Selbstbewusstsein. Seine tiefen Wurzeln in der Erde geben ihm die Kraft und Stabilität, in den Himmel zu wachsen. Zeit seines Lebens strebt er nach oben wie das aufsteigende Yang, breitet sich nach allen Seiten gleichzeitig aus und symbolisiert damit Expansion, Kreativität und Wachstum. Mit der gesunden Stabilität seines Stammes und der Flexibilität seiner Äste und Zweige kann er Stürmen standhalten, so dass er nicht entwurzelt wird. Die Knospe und der junge Trieb besitzen die unverbrauchte und schier unerschöpfliche Kraft des beginnenden Lebens. Das Element Holz erinnert uns an die Lebendigkeit der Natur.

Das Frühjahr mit seiner frischen Kraft des Neubeginns kennzeichnet dieses Element. Erwartet und herbeigesehnt von Mensch und Tier, bleibt immer ein Erstaunen, wenn es dann so weit ist: Ungestüm und kraftvoll drängt sich der Frühling durch die Starre des Winters.

Die letzten Schneereste bilden kein Hindernis für das neu beginnende Leben – zu den ersten Boten der neuen Jahreszeit zählen die Schneeglöckchen, dann die Gräser, die sich durch die Erdkruste zum Licht strecken. Bäume, die gestern noch kahl und leblos schienen, sind heute schon mit einem grünen Schimmer versehen.

Das schnelle Wachstum zeugt von der expansiven Kraft dieses Elements. Die Lähmung der Kälte macht Platz für Aktivität: Verschiedenste Tiere schlüpfen aus ihren Winterlöchern, Vögel zwitschern und der Mensch widmet sich dem Frühjahrsputz. Stürme fegen mit unbändiger Vehemenz die letzten Blätter des vergangenen Jahres weg. Erregte und hoffnungsfrohe Stimmung macht sich breit. Die Säfte, die im Winter in den Wurzeln des Baumes ruhten, steigen nun auf und beleben mit frischem Qi auch die höchsten Spitzen der Baumkrone.

Auch uns Menschen durchströmen Frühlingsgefühle. Unbekümmert schauen wir dem anderen Geschlecht nach und erlauben unserer Phantasie, zu spielen. Die Zeit des Holzes bringt in alle Bereiche des Lebens Schwung und Kreativität. Wir wollen mit Enthusiasmus planen, das Alte hinter uns lassen und Neues in die Tat umsetzen. Das Frühjahr weckt Wünsche und Erwartungen und baut damit Spannung auf. Sie ist die Triebfeder, die uns vorwärts streben lässt, um letztendlich Erfüllung zu finden. Die Zuversicht in die Kraft der Sonne lässt sich auch vom unbeständigen Aprilwetter nicht einschüchtern. Wir wissen, dass wir auf den Sommer zusteuern.

Der Persönlichkeitstyp: Abenteurer

Nichts fasziniert den Abenteurer mehr als eine Herausforderung. Schranken reizen zum Überschreiten, Wildnis zum Zähmen, Unbekanntes zum Erforschen. Widerstand erweckt in ihm den Kämpfer, Strukturen und Regeln lassen ihn rebellieren. Flexibel und anpassungsfähig, wenn es die Situation erfordert, jedoch revolutionär und erneuernd wirft er alles um, wenn es der Sache nicht mehr dient. Er stürzt sich in Abenteuer und Projekte mit all seiner Kraft, seiner Intelligenz und seinem Mut, immer bereit, seine Grenzen zu überschreiten. Dabei bewahrt er sich aus tiefster Überzeugung seine Unabhängigkeit.

Er liebt es, die Dinge an sich zu reißen und die Führung zu übernehmen, auch wenn es bedeuten mag, alles selbst zu tun. Als Boss stellt er dann gern Regeln auf – und hält sich selbst nicht daran! Sein Ziel ist es, sich durchzusetzen und zu gewinnen. Nichts gibt ihm mehr Befriedigung – allen Unkenrufen von Neidern und Skeptikern zum Trotz –, als eine Mission erfolgreich durchgeführt zu haben.

Der Abenteurer lässt sich gern von einer Vision beflügeln, auch wenn die Chancen noch so klein sind. In sich trägt er die Spielernatur, die mit hohem Risiko ihre Einsätze macht: alles oder nichts, gewinnen oder verlieren, schwimmen oder untergehen. Das Risiko erst macht den Triumph des Abenteurers wertvoll. In der Intensität der Anspannung fühlt er sich daheim, sie gibt ihm den »Kick«. Die Seefahrer der letzten Jahrhunderte trieb die gleiche Neugier und Abenteuerlust wie die Astronauten des 20. Jahrhunderts oder Leiter von Urwaldexpeditionen bzw. jene Bergsteiger, die die höchsten Gipfel der Welt erklimmen. In eine Marktlücke zu stoßen und dort sein Geschäft zu etablieren oder bahnbrechende Erfolge in der Forschung zu erzielen, zeugt von der Kraft des Holz-Elements. In das Unbekannte einzudringen, den weißen Fleck auf der Landkarte zu erforschen, neue Wege zu gehen und eigene Erfahrungen zu machen, lassen ihn jede Strapaze vergessen.

Der Abenteurer erkennt eine günstige Gelegenheit und ergreift sie sofort. Ohne zu zögern, schaltet er ein paar Gänge höher und geht in Aktion. Druck spornt ihn zu verblüffenden Leistungen an. Sein Sinn für die notwendigen nächsten Schritte lässt seine Erdverbundenheit ahnen. Er schätzt das Nützliche und setzt es zum Erreichen seines Zieles ein. Sein Talent zu organisieren und schnelle, klare Entscheidungen zu treffen produziert die erforderlichen Lösungen.

Dabei übt er seine Macht wie selbstverständlich aus. Sein Einsatz für ein Projekt ist vorbildlich. Hart und kompromisslos zu sich selbst, fordert er das auch von seinen Mitarbeitern. Mit seinem Ziel vor Augen und auf Hochtouren gekommen, geht von dem Abenteurer eine ehrfurchtsgebietende Dynamik aus.

Er verabscheut lange Diskussionen, Widerstand vermag er mit einer Bemerkung wegzuwischen, Konflikte löst er mit kompromisslosen Entscheidungen. Sein

Optimismus, seine Zuversicht in das Gelingen strahlen auch auf seine Mitarbeiter aus, so dass er bald ein hochmotiviertes Team zusammengeschweißt hat, in dem alle an einem Strick ziehen.

Das kleine Yang – wie die Chinesen das Holz auch nennen – äußert sich in der Freude an Bewegung und Handlung. Ungeduldig wie Kinder in der Holzphase ihres Lebens, sitzt der Abenteurer nur ungern still, er hat – wie der Volksmund sagt – Hummeln im Hintern. Der Tiger (das Symboltier des Holzes) verkörpert die Kraft dieses Elements: das konzentrierte Umherschweifen im Dschungel, jederzeit bereit, sich auf seine Beute zu stürzen, in Sekundenbruchteilen die geballte Kraft zum Erreichen seines Zieles einzusetzen. Das äußere Erscheinungsbild des Abenteurers ist geprägt von seiner Lust an der Bewegung. Körperbetonte und gut koordinierte Bewegungsabläufe des Abenteurers erinnern an die geschmeidige Eleganz des Tigers.

Wer so viel Raum beansprucht, stößt natürlicherweise an Grenzen. Jedes Hindernis erfährt der Abenteurer in seiner Selbstbezogenheit als Einschränkung seiner persönlichen Freiheit. Grenzen des Wachstums sind für ihn frustrierend, Einengung seiner Entfaltung entgegnet er mit impulsiven Befreiungsschlägen. Aggression und Zorn als gerichtete Kraft sollen ihm mehr Raum schaffen, sich auszudehnen; ein Wutausbruch vermag ihm innerlich Platz zu schaffen, wieder durchzuatmen und zu viel Spannung abzubauen.

Auf Loyalität und Pflichtgefühl des Abenteurers kann man sich verlassen. Der Entschluss, sich für ein Projekt zu engagieren, trägt ihn durch alle Widrigkeiten bis zur

Vollendung. Dabei nimmt er auch Unbequemlichkeiten und Entsagungen in Kauf, wenn sie der Sache dienlich sind. Kaum aber ist ein Ziel erreicht, schaut er sich nach der nächsten Herausforderung um, denn Verwalten des Erreichten ist für ihn nicht reizvoll.

Seine Familie unterstützt und versorgt der Abenteurer gern und großzügig, solange sie ihm seine Freiheit lässt. Die alltäglichen Pflichten fallen bei ihm leicht in die Kategorie: »langweilig und lästig«. Lieber bezahlt er eine Haushaltshilfe, so dass er sich den »wirklichen« Herausforderungen des Lebens stellen kann. Seine Kinder sehen ihn nicht oft, aber wenn er sich für sie Zeit nimmt, ist immer etwas los. Der Tag gestaltet sich dann randvoll mit Aufregung und Erlebnissen. Sport, Spiel und Spannung gleichen die Zeiten aus, in denen er schmerzlich vermisst wird.

Da der Abenteurer ein sehr körperbetonter Persönlichkeitstyp ist, spielt für ihn auch die körperliche Liebe eine große Rolle. Sein Sexualtrieb fordert seinen Tribut, er erobert gern und tobt sich ebenso gern aus. Abenteurer neigen in ihrem Streben nach Erfolg und Bestätigung dazu, sich an imaginären Standards zu messen: mehr, besser, länger – und übersehen dabei, dass sie sich nicht in einem olympischen Wettkampf befinden. Für manchen Abenteurer ist das Liebesspiel aber auch eine wichtige Möglichkeit, Spannungen und Stress abzubauen.

Wenn der Abenteurer die Balance verliert

Ehrgeizig und von sich selbst überzeugt, stellt der Abenteurer seine Autorität nur selten in Frage und neigt dazu, berechtigte Einwände anderer nicht zu tolerieren. Das führt bisweilen dazu, dass er sich aufbläht und verbissen und arrogant an seiner Vorherrschaft festhält. Mit dem Gefühl, unbesiegbar zu sein, kann er wie ein Pferd mit Scheuklappen davongaloppieren und vermag den Abgrund nicht zu sehen. Er begreift seinen Weg als den einzig richtigen und verliert dabei die Umsicht.

Eigensinn und Starrsinn lassen ihn dann Hindernisse und kleine Stolpersteine nicht erkennen. Er strauchelt und stolpert leicht, bewegt sich ungelenk. Kleine Unfälle geben ihm deutliche Zeichen, dass er sich nicht mehr flexibel in seiner Umwelt bewegt. Getrieben von der Angst vor Kontrollverlust und Machtlosigkeit verliert er sein natürliches Rhythmusgefühl zu Spannung und Entspannung. Er wird herrisch, rücksichtslos und tyrannisch. War er vorher engagiert und ehrgeizig, ist er jetzt zwanghaft und gehetzt. Seine sportsmännische Konkurrenz macht überheblicher Feindseligkeit Platz. In dieser Situation leidet die Umgebung unter seiner impulsiven Gereiztheit, die Luft ist zum Schneiden dick.

Seine Muskeln – vor allem in den Yang-Bereichen des Körpers: Rücken, Schultern, Nacken – verspannen sich und führen zu den für ihn typischen klopfenden Kopfschmerzen. Zusammen mit hohem Blutdruck sind sie deutliche Zeichen für Überanstrengung und bedeuten: Ventil öffnen und Dampf ablassen!

Wenn der natürliche Rhythmus von Yin und Yang gestört ist, hilft sich der Abenteurer gern auf die leichte und schnelle Art: Kaffee, um sich in Schwung zu bringen, Alkohol, um zur Ruhe zu kommen. Seine Essgewohnheiten leiden unter seinem chronischen Zeitmangel: Schokoriegel oder »Fastfood« als schneller Bissen unterwegs ersetzen nährende Mahlzeiten.

Der Abenteurer hat Angst vor Stillstand und Langeweile. Entspannung, Müdigkeit und Ruhe erlebt er als Eingeständnis von Schwäche und sucht deshalb sein Glück in hektischen Aktivitäten. In Phasen von Überbeanspruchung und Überanstrengung wartet der Abenteurer mitunter mit einer für seine Umgebung verblüffenden Lösung auf: Er steigert sein Arbeitspensum und erhöht die Schlagzahl! Das heißt: Er nimmt weitere Projekte an, beginnt eine neue Liebesaffäre, stellt sich ein Programm im Fitnessstudio zusammen und versucht damit, sein »Burnout-Syndrom« zu beheben. Dabei vergisst er, dass Yin-Kräfte das Yang nähren und unterstützen, man aber Yin-Kräfte nicht mit Aktivitäten – und damit Yang – aufbauen kann. Ein ähnliches Phänomen eines energetischen Ungleichgewichts durch die Missachtung der nährenden Yin-Funktion lässt sich am Beispiel von Potenzproblemen beobachten. Wenn es beim Mann vor lauter Erfolgsdruck und Stress zu

Erektionsschwäche kommt, muss er den Yin-Qualitäten der Entspannung und des Zulassens Raum geben, damit seine männliche Potenz – eine Yang-Funktion – wieder gestärkt wird.

Der Abenteurer verliert in Phasen seiner übersteigerten Aktivität den roten Faden zu seinem Ziel und damit die Übersicht und Klarheit, mit der er gestartet war. Das konstante Brennen der Yang-Energie trocknet seine Körpersäfte aus und sein »Holz« wird trocken. Spröde wie ein Baum, der unter brennender Sonne verdörrt, verliert er seine Flexibilität und somit die Quelle seines Wachstums.

Auch körperlich können sich die Trockenheit und Hitze bemerkbar machen: rote, juckende Augen, steife Gelenke, allergische Reaktionen, trockene, gerötete Haut, trockener Hals, spröde und brechende Finger- und Fußnägel.

Abgeschnitten vom Dampf seiner Lokomotive erleidet der Abenteurer nun das Gegenteil seiner natürlichen Stärke. Er wird unentschlossen, zögerlich, flatterhaft und orientierungslos. Schnell frustriert, hat er nicht mehr die Kraft, angefangene Vorhaben zu Ende zu führen. Gereizt und erschöpft ergibt er sich in Resignation und Depression. Der Abenteurer wird nun wortkarg, humorlos und verschlossen, seine Ideen sind phantasielos, seine Organisation gestaltet sich bürokratisch und starr. Die kleinste Provokation – sonst willkommener Anlass, sich selbstbewusst darzustellen – erlebt er nun irritiert als Angriff auf seine Person. Seine ehemals lautstarken Emotionen verkümmern ohne Saft zu Sarkasmus, Zynismus und Bitterkeit.

Wesentliche Charakterzüge im Überblick

Ist der Abenteurer energetisch im Gleichgewicht und ganz in seinem Element, erlebt man sein Verhalten als angemessen, rund und natürlich. Äußere wie innere Einwirkungen können den Energiefluss jedoch verlangsamen und stagnieren lassen. Blockiertes Qi sammelt sich an: Handlungen und Reaktionen wirken aufgebläht, unverhältnismäßig und übertrieben.

Auch ein Zuwenig an Qi kann entstehen, wenn man von der Quelle der Kraft abgeschnitten ist. Jetzt wirkt das Verhalten mühevoll und wie künstlich aufrechterhalten.

Manche Ausdrucksformen, die nicht dem Persönlichkeitstypen entsprechen, ergeben sich außerdem aus der Verbindung zu den anderen Elementen im Kontrollzyklus oder Schöpfungszyklus (siehe Seiten 162f. und 166ff.).

Der Abenteurer im ausgeglichenen Qi-Zustand

kraftvoll, engagiert, aktiv, dynamisch, selbstbewusst, ehrgeizig, bestimmt, kühn, kämpferisch, risikofreudig, mutig, entscheidungsfreudig, direkt, rebellisch, optimistisch, stolz, leidenschaftlich, initiativ, spontan, kreativ, flexibel, verantwortlich

Verhalten bei Übermaß an Holz-Qi

aggressiv, reizbar, jähzornig, cholerisch, streitsüchtig, verletzend, zwanghaft, rücksichtslos, mit dem Kopf durch die Wand, gehetzt, feindselig, tyrannisch, getrieben, egoistisch, grob, engstirnig, eifersüchtig, provozierend, hartnäckig

Verhalten bei Mangel an Holz-Qi

anmaßend, schmollend, launenhaft, gereizt, sarkastisch, zynisch, boshaft, verbittert, hinterhältig, unentschlossen, planlos, untätig, unentschieden, ziellos, zögerlich, voreilig, widerborstig, trotzig, resignativ, depressiv, starr, intolerant, feige, ohne Initiative

Typische Herausforderungen im Leben des Abenteurers

- Der Abenteurer liebt es, der Erste, Beste und Einzige zu sein. Sein Selbstbewusstsein drängt ihn in die Rolle des Leitwolfs, und seine Kompetenz und seine Fähigkeiten geben ihm Recht. Doch Ehrgeiz und Konkurrenzdenken dulden keinen gleichstarken Partner an seiner Seite – und genau das ist es, was er manchmal schmerzlich vermisst. Seine Position der Stärke und Unverwundbarkeit schafft Distanz zu seinesgleichen. Tiefe freundschaftliche Beziehungen zu starken Menschen aufzubauen, ohne sich mit ihnen messen zu müssen, ist für ihn eine Herausforderung, der er sich stellen muss. Das Rückbesinnen auf die Qualitäten seiner anderen vier Elemente können es ihm möglich machen.

- Der Abenteurer verlangt Freiheit und Unabhängigkeit. Dabei übersieht er in seiner ungestümen Kraft, dass er im luftleeren Raum enden könnte, wenn er sich von allem, was ihn beengt, löst. Denn ebenso liebt er den Wettstreit und die Auseinandersetzung mit anderen, um sich zu definieren. Ein Schwimmer, der gegen den Strom schwimmt, nimmt seine Konturen ausgeprägter wahr, als wenn er sich treiben lässt. Ebenso geben dem Abenteurer Grenzen, Widerstand und rivalisierende Meinungen erst durch die entstehende Reibung die Möglichkeit, sich selbst zu spüren. Was er lernen muss ist, die Stärken seiner Mitstreiter nicht nur zu tolerieren, sondern als willkommene Inspiration zu schätzen. Er sollte sich nicht dazu verleiten lassen, seine Gegner zu zerstören, da sie der Garant für Intensität in seinem Leben sind und seine Stärken erst zur vollen Entfaltung bringen.

Der Abenteurer Sven

Sven ist ein ehemaliger Testpilot, mit einem etwas gedrungenen, aber muskulösen Körper. Zeit seines Lebens war er in seinem Wunschberuf tätig, wo er sich herausfordernden Aufgaben und Grenzerfahrungen stellen konnte. Dank seiner idealisierten Qualitäten des Metalls an Selbstbeherrschung und Disziplin (siehe Kontrollzyklus Seite 166) schaffte er es, in seiner aktiven Laufbahn seine überschießende Risikobereitschaft in einem Rahmen zu halten, die sein und anderer Leben nicht gefährdete.

Das Erreichen der Altersgrenze war für ihn die größte Krise seines Lebens, da er sich noch vollkommen fähig fühlte, weiter zu fliegen, aber die Vorschriften hinderten ihn daran. Über dieses Thema kann er sich auch noch nach Jahren lauthals ärgern. Sein Impuls, für die Freiheit seines Handelns zu kämpfen, entstand aus dem Gefühl, eine persönliche Niederlage erlitten zu haben. Zum Ausgleich verstärkte er seine anderen Hobbys, zum Beispiel das Bergsteigen, wo er beweisen kann, »dass er noch lange nicht zum alten Eisen gehört«.

Wie der Abenteurer gesund, stark und ausgeglichen bleibt

Partnerschaft

Der Abenteurer ist ein Herdentier, jedoch will er der Leitwolf sein. Sein Wesen erblüht mit Menschen, die ihn fordern und unterstützen. Einzelgängern begegnet er mit Unverständnis, Routine langweilt ihn und Unterordnung verabscheut er. Seine wichtigsten Beziehungen knüpft der Abenteurer in seiner Arbeit und in seinen – meist sportlichen – Freizeitbetätigungen. Er braucht den sprichwörtlichen Freund, mit dem man Pferde stehlen kann und der dann zur wichtigsten Person im Leben des Abenteurers wird. Wenn man als Partner des Abenteurers nicht selbst diese Kumpelrolle ausfüllt, so sollte man wenigstens die Wichtigkeit dieses besten Freundes respektieren.

Da der Abenteurer die Abwechslung und Herausforderung liebt, sucht er sie auch in der Partnerschaft. Als Partner muss man Grenzen ziehen und sich darüber auseinander setzen können. Partner, die sich wohlwollend und passiv verhalten oder zu schnell ihre Position aufgeben, werden ihm bald langweilig. Spannung und Eroberung ist das Benzin, was den Motor des Abenteurers und damit auch sein Interesse an der Beziehung am Laufen hält.

Ein gemütlicher Fernsehabend, sonntägliches Kaffeetrinken bei den Schwiegereltern, Babywickeln und

Gutenachtgeschichten vorlesen ist der sicherste Weg, den Abenteurer als Partner zu vergraulen.

Die körperliche Liebe des Abenteurers ist geprägt von der leidenschaftlichen Eroberung, dem Ausprobieren von neuen Spielarten, der Suche nach unbekannten Reizen. Um sein Selbstbewusstsein zu stärken, will er der Beste sein und es auch zu hören kriegen.

Für den Abenteurer – als Yang-Persönlichkeitstyp – hat die Außenwelt mehr Bedeutung als das Innenleben. Er definiert sich durch sein Handeln und nicht durch Denken. Auch seine Partner und Freunde beurteilt er danach, was er mit ihnen unternehmen kann und wie hoch ihr Unterhaltungswert ist.

Kindheit

Wenn Sie ein Kind haben, das dem Persönlichkeitstyp des Abenteurers entspricht, so fördern Sie sein natürliches Bedürfnis nach Freiraum: Abenteuerspielplatz, Sportstätten oder Flussauen, wo es auf Bäume klettern kann. Mountainbikes und Skateboards oder alles, was schnell und wild ist, sind seine Spielgeräte. Vergessen Sie Puppenstuben und Halma! Dreck und abgewetzte Schuhe, Unfälle und blutige Knie zeugen von der Auseinandersetzung mit Natur und seinesgleichen. Wenn die Freunde Ihres Kindes nicht diejenigen sind, die Sie sich gewünscht haben, bleiben Sie tolerant und denken Sie daran: Sie investieren gerade in den Boden, in dem sich das ureigene Element Ihres Sprösslings entfalten kann.

Beruf

Die Arbeitsform des Abenteurers ist die Selbständigkeit oder wenigstens die eigenständige Abteilung einer Firma, wo die Möglichkeit der Expansion, des Reisens und wechselnder Projekte gegeben ist. Der Abenteurer arbeitet nicht gern allein. Er braucht den Austausch mit wenigstens einem Kollegen oder Untergebenen als Stimulation und Definition seiner Rolle. Ein geregelter Acht-Stunden-Tag mit Verwaltungsarbeit oder anderen eintönigen Arbeiten tötet jeden Lebensfunken dieses Persönlichkeitstypen.

Das Zuhause

Zuordnung nach den Regeln des Feng Shui	
Farbe	Grün
Richtung	nach außen
Räume	offen, großflächig, viele Fenster
Form	rechteckig, hoch, säulenförmig
Wohnort	Stadt
Materialien	Holz; Pflanzen, Bonsai-Bäume, Baumwolle, Leinen, Seide

Der Lebensraum des Abenteurers sollte seinem unsteten und freien Geist entsprechen. Je mehr Platz er in einer Wohnung oder im Haus hat, umso entspannter wird er sich fühlen. Viele Fenster, die oft geöffnet werden, und helle, leichte Möbel, die man leicht umstellen kann, vermitteln ihm ein Gefühl von Freiheit. Er braucht Platz, um sich in kreativen Phasen ausbreiten zu können, sei es in Küche, Werkstatt oder Garage. Da Ordnung nicht zu seinen Stärken zählt, würde er in kleinen Zimmern bald ersticken. Das kreative Chaos vieler Künstlerateliers ist ein typischer Ausdruck der Holz-Energie.

Der Abenteurer lebt bevorzugt in der Stadt, denn dort bietet ihm das Leben viel von dem, was er liebt: Abwechslung, Herausforderung, Anregung, einen großen Freundeskreis und viele Möglichkeiten für Spontaneität und Kreativität. Im Frank-Sinatra-Song »New York, New York« beschreibt eine Zeile die innere Einstellung des Abenteurers: »If I can make it here, I'll make it everywhere!«

Wolkenkratzer üben eine magische Anziehungskraft auf den Abenteurer aus. Sie entstehen in allen Ländern, die expandieren wollen und von starker Holz-Energie geprägt sind: USA, Japan, Hongkong, und seit einem Jahrzehnt viele andere asiatische Länder.

Der Abenteurer, dem es in seiner Umgebung an Holz mangelt, kann seine Wohnung oder seinen Arbeitsplatz mit Elementen des Holzes stärken. Lebende oder auch getrocknete Pflanzen, Gemüse, Bonsai-Bäume, jede Art von Holzmöbeln, grün gestrichene Wände oder Stoffe aus Naturmaterialien, sogar Bilder von Wald und Wiesen betonen das Element Holz. Auch Wasser-Elemente – als Mutterelement des Holzes – können Holz stärken. Mit Wasserpflanzen oder Springbrunnen lässt sich ein schwaches Holz-Qi beleben.

Wenn das Element Holz zu dominant ist, kann man es nach dem Kontrollzyklus mit Metall ausgleichen (siehe Seite 166f.) Man platziert gut sichtbar Metall-Werkzeuge (Messer, Schwerter) oder andere Gegenstände aus Metall im Wohnraum, um das Holz zu »beschneiden«. Auch Farbtöne in Weiß, Grau oder Silber gleichen ein optisches Übergewicht an Holz aus. Das Feuer-Element – als Kind des Holzes – kann die Holz-Dominanz ebenfalls beseitigen. Hierzu verwendet man rote Farben, Kerzen, Licht, Räucherstäbchen oder tierische Materialien wie Leder und Felle.

Bewegung und Sport

Jede Sportart mit viel Bewegung und als Mannschaftssport betrieben, paßt zum Abenteurer. Hier kann er sich beweisen, kämpfen und Spannung abbauen. Viele der neuen Sportarten wie Mountainbike fahren, Wildwasserrafting oder Wasserfallklettern zeugen von der Lust an Grenzerfahrungen mit der Natur.

Der Abenteurer braucht all diese extremen Erlebnisse, um sich in seiner Kraft zu fühlen. Es sind jedoch auch Übungen für ihn wichtig, die seine Muskeln entspannen. Dehnübungen und Massagen, die seine Muskeln aus der aktiven in die passive Phase bringen, schaffen den notwendigen Ausgleich. Da der Abenteurer dazu neigt, sich so weit zu verausgaben, bis er durch Erschöpfung zur Ruhe findet, sollte er immer wieder Atempausen einlegen. Morgens oder abends für 10 Minuten flach auf den Boden legen und im Geiste nacheinander in alle Körperteile hineinatmen, können Wunder wirken. Bei Bedarf kann dies natürlich jederzeit wiederholt werden. Dabei kommt ein Prinzip aus dem Kontrollzyklus der Fünf Elemente zum Tragen: Das Atmen stärkt die Lunge (und damit das Metall-Element – siehe Seite 123) und übt somit verstärkte Kontrolle auf ein überaktives Holz aus – der Abenteurer kommt zur Ruhe.

Urlaub

Der Abenteurer sollte bei seiner Urlaubsplanung das Klima berücksichtigen. Feuchtigkeit wie auch Kälte verlangsamen den Energiefluss, zu viel Sonne lässt ihn leicht überhitzen. Deshalb empfiehlt sich der Frühling oder Herbst als Reisezeit. Er liebt zwar den Wind als seinem Element zugehörig, zu viel davon kann aber gerade einem stagnierenden Holz sehr zusetzen. Er fühlt sich dann schnell angespannt und gereizt.

Abenteurer brauchen auch im Urlaub ihre Abenteuer. Statt am Stand stundenlang in der Sonne zu braten, brausen sie lieber auf einem Motorrad über die Insel. Achten Sie beim Buchen Ihres Urlaubs auf die Möglichkeiten, Neues zu erleben.

Ernährung

Der Abenteurer neigt zu Überhitzung und als Folge zu Blut- oder Säftemangel. Zum Ausgleich empfiehlt es sich, saure Nahrungsmittel zu essen: sauer eingelegtes Gemüse wie Sauerkraut oder saure Gurken. Die japanische, koreanische und chinesische Esskultur hält viele milchsauer vergorene Nahrungsmittel bereit.

Zitronen, Pampelmusen, Orangen, Kiwis, Ananas, Rhabarber, Sauerkirschen, Brombeeren, Erdbeeren, Himbeeren, Heidelbeeren, Johannisbeeren, Stachelbeeren, Preiselbeeren sind Früchte mit saurem Geschmack. Saure Gemüse sind: Tomaten, Oliven, Sauerampfer, Petersilie sowie alle Arten von Sprösslingen. Ebenfalls dem Holz-Element zugeordnet sind: Dinkel, Weizen und Grünkern als Körner, Huhn und Ente als Geflügel und fermentierte Milchprodukte wie Joghurt, Kefir, saure Sahne oder Sauermilch. Bei den Getränken eignen sich: Zitronenwasser, Brottrunk, Fruchtsaft, Hagebuttentee, Hibiskustee, Malventee, Melissentee, Champagner, Weißwein, Weizenbier.

Abenteurer neigen dazu, sich mit Fastfood über Wasser zu halten, ebenso lieben sie es, sich mit scharfen, gegrillten oder gebratenen Speisen in Fahrt zu bringen. Das führt nach der Ernährungslehre der Fünf Elemente leicht zu Überhitzung. Durch Beifügen von kühlenden Zutaten – Zitrone oder andere Südfrüchte, Joghurt, Sprösslinge, Algen, Champignons – wird die Hitze ausgeglichen.

Checkliste:
Ist Ihr Element im Gleichgewicht?

Wenn Sie als Abenteurer spüren, dass Ihr Element Holz wuchert oder austrocknet und spröde wird, Sie also Anzeichen von Übermaß oder Mangel erkennen, sollten Sie sich mit folgenden Fragen auseinandersetzen:

- Bieten meine Beziehungen genug Anregung, Reibung, Auseinandersetzung und Inspiration?

- Habe ich einen Kumpel, mit dem ich spannende Unternehmungen machen kann?

- Fühle ich mich in meinem Beruf gefordert?

- Kann ich meine Arbeit selbstverantwortlich, kreativ und abwechslungsreich gestalten?

- Werde ich in meiner Arbeit anerkannt für meine Fähigkeiten zu leiten, Projekte vorwärts zu treiben und Neuerungen zu integrieren?

- Habe ich in meiner Freizeit genug Aktivitäten installiert, in denen ich meinem Bedürfnis nach Bewegung und sportlichem Wettkampf nachgehen kann?

- Entspricht mein Wohnraum meinem Freiheitswunsch, habe ich genug Platz, mich auszubreiten?

- Wohne ich in einem Ort, von wo ich spontane Entschlüsse nach sozialer, kultureller oder sportlicher Begegnung leicht umsetzen kann?

Feuer – Der Magier

Das Element Feuer

Feuer ist aufregend, faszinierend, ergreifend. Seine Flammen ziehen Aufmerksamkeit und Blicke wie ein Magnet auf sich. Im Märchen von den Sterntalern entzündet das Mädchen ein Streichholz nach dem anderen und versetzt sich in Traum und Trance.

Jeder von uns ist sicherlich schon einmal der Faszination von Feuer erlegen. Kerzenschein erweckt romantische Gefühle, der offene Kamin vermittelt Behaglichkeit und Sicherheit, Lagerfeuer lässt uns träumen, die Feuersbrunst schürt eine Mischung aus Angst und Erregung. Alle haben sie eines gemeinsam: die unmittelbare Erfahrung der Magie des Feuers.

Schon zu Urzeiten bedeutete Feuer für die Menschheit Schutz vor Kälte, vor wilden Tieren und dem Feind und sicherte damit das Überleben. Zugleich wusste man von seiner zerstörerischen Kraft, wenn es außer Kontrolle zur Feuersbrunst geriet oder vom Feind als tödliche Waffe eingesetzt wurde. Ungleich den anderen

Elementen, lässt sich das Feuer nicht anfassen. Es bleibt immer »unfassbar« und »unbegreiflich«. Zu flüchtig, sprunghaft und unberechenbar ist sein Wesen. Man kann es nicht besitzen – umso schneller nimmt es Besitz von dem, der ihm zu nahe kommt.

Die Sonne ist Symbol für das Feuer. Als Feuerball am Himmel erhellt sie den Tag und schenkt der Erde die notwendige Wärme und Kraft, um Lebensvorgänge in Pflanze, Tier und Mensch auszulösen und zu beschleunigen. Der Sommer ist die Jahreszeit, in der die Sonne am höchsten steht und in der ihre Strahlen die Erde am längsten wärmen. Es ist die Phase höchster Aktivität. Die Natur steht in vollem Saft, Pflanzen und Tiere strotzen vor Kraft und Vitalität, Insekten und Vögel fliegen kreuz und quer, alle sind geschäftig. Das Potential, das im Samenkorn angelegt war, ist nun zur vollendeten Wirklichkeit herangewachsen. Die Natur zeigt sich in seiner ganzen Pracht, sie schöpft aus der Fülle. Der Höhepunkt im großen Konzert des Wachsens und Werdens ist erreicht.

Der Sommer demonstriert den Ausdruck des »großen Yang« als Krönung der Jahreszeiten: Licht, Liebe und Lachen, in spritziger Leichtigkeit gelebt, kennzeichnen diese Phase. Die Kommunikation ist beschwingt und schafft knisternde Spannung zwischen den Geschlechtern.

Aktivität entsteht aus purer Freude am Tun, Bewegung äußert sich als Tanz, als Spaß am Rhythmus, am eigenen Körper und seiner Sinne. Der Sorgen des Überlebenskampfes enthoben, kann man sich vom Strom des Lebens treiben lassen. Da alles im Überfluss vorhanden ist, schweifen die Gedanken ab vom Irdischen und Alltäglichen. Das Transzendentale, das göttliche Prinzip lädt ein, die Dinge des Lebens von einer anderen Warte aus zu betrachten. So kann das Feuer der Spiritualität unser Bewusstsein erhellen und zu mehr Weisheit und Mitgefühl verhelfen.

Der Persönlichkeitstyp: Magier

Die große Aufgabe des Magiers liegt im Zusammenbringen und im Verschmelzen von Gegensätzen. Aus bekannten Elementen entsteht durch die Zauberkraft des alchemistischen Prozesses ein neues, wertvolles Metall: das Gold – Symbol für die höchste Stufe der Vollendung. Es ist das Feuer des Magiers, das die nötige Hitze für den Prozess der Metamorphose bereitstellt. Das Feuer der Liebe vereint das Weibliche mit dem Männlichen und bringt neues Leben hervor. Damit wird die mathematische, logische Rechnung $1 + 1 = 2$ zur $1 + 1 = 3$ erweitert. Die Liebe spielt hierbei die Rolle des Katalysators, sie selbst verbraucht sich nicht. All dem gleicht die Rolle des Magiers – er verzaubert mit seinem Charisma und schlägt dabei eine Brücke vom Weltlichen zum Göttlichen.

Der Magier verbindet wie ein Dirigent einzelne Musiker zu einem Orchester und verwendet dabei alle Möglichkeiten der Kommunikation: Sprache, Berührung, Gesten. Sensibles Einfühlen in Menschen und Materie lässt ihn intuitiv das Richtige sagen und tun. Er ist der Meister des Wortes, er betört und umschmeichelt sein Gegenüber mit Charme und Esprit, mit Überzeugungskraft und Enthusiasmus. Gleich dem Künstler mit seinem Pinsel malt er mit der Sprache optimistische, phantasievolle Bilder, deren Bann man sich nur schwer entziehen kann. Wie der Rattenfänger von Hameln spielt er auf seiner Flöte wundersame Melodien und erweckt damit die uralte Sehnsucht des Menschen nach Erlösung.

Um diese Sehnsucht wissend, schweißt er die Teilnehmer einer Wahlveranstaltung oder eines Kongresses zusammen und begeistert sie für seine Ziele. Man fühlt sich auf einer Welle gemeinsamer Visionen getragen und will alle seine Kräfte dafür mobilisieren. Es ist das Feuer des Magiers, das sich auf uns übertragen hat und uns für Momente glauben lässt, wir könnten alle Hindernisse mit Leichtigkeit überfliegen. Auch wenn wir nach Stunden der Euphorie wieder in der Realität gelandet sind und der Zauber dem Alltag gewichen ist, fühlen wir uns nicht enttäuscht. Wir sind dankbar, denn der Magier schenkte uns einen kurzen Blick in den Himmel: enge Verbindung mit anderen Menschen, Übereinstimmung mit Idealen, Auflösung der individuellen Begrenzung in einem größeren Ganzen.

Es sind die Gaben des Magiers, die uns erahnen lassen, dass wir Teil einer höheren Aufgabe oder Bestimmung sind. Die Metapher für diesen Zustand – der Verschmelzung mit den göttlichen Prinzipien – ist der Tropfen, der sich im Ozean auflöst.

Seine Leidenschaft für das Leben treibt den Magier dorthin, wo es am offensichtlichsten pulsiert: zu den Menschen. Hier liegt seine Spielwiese, es bereitet ihm sichtliches Vergnügen, Menschen kennen zu lernen, zu flirten und Kontakte zu knüpfen. Wenn er auf einer Party auftaucht, ist er nicht zu übersehen. Wie selbstverständlich steht er im Mittelpunkt des Interesses und genießt es in vollen Zügen.

Der Magier teilt bereitwillig seine Gedanken und Gefühle mit anderen und animiert sie, sich ihm ebenfalls zu öffnen. Durch diesen Austausch entsteht jene Nähe und Intimität, die gleichsam die Nahrung für den Magier ist. Er ist ein aufmerksamer Zuhörer, achtsam nicht nur in Bezug auf das gesprochene Wort, sondern auch, was den gesamten Ausdruck des Gegenübers angeht. Damit erhält er oft schon entsprechende Informationen, noch bevor sie geäußert werden. Das verschafft ihm schnell den Ruf, Gedanken lesen zu können.

In einem Gespräch mit dem Magier muss man allerdings immer darauf gefasst sein, dass es schnelle und abrupte Wendungen gibt. Auch wenn er zuhört, wird er die Unterhaltung stets dominieren. Sein Gegenüber ist oft nur ein Stichwortgeber, und man hat mitunter das Gefühl, einer glänzend inszenierten Aufführung beizuwohnen. Man bewundert, applaudiert und stimuliert damit den Magier zu Höchstleistungen und unvergesslichen Stunden. Seine weltlichen und amourösen Abenteuer sind immer einzigartig, köstlich und humorvoll vorgetragen.

Dem Magier wird in der chinesischen Medizin das Herz zugeordnet. Das Feuer eines leidenschaftlichen Herzens brennt in jedem Magier, und er ist immer auf der Suche nach der perfekten Geliebten oder dem perfekten Liebhaber. So schätzt er Sex und Erotik als intimsten Ausdruck von Kommunikation. Er sehnt sich nach der Aufhebung von Grenzen und will mit dem jeweiligen Partner verschmelzen – und wenn es nur für flüchtige Sekunden ist.

Der Erwartungspegel des Magiers ist dabei sehr hoch gesteckt, seine Phantasie und Träume bewegen sich in den höchsten Sphären. Und er wird alles dafür tun, dass seine Vorstellungen erfüllt werden. Niemals erlebt er Liebesaffären als gewöhnlich. Sie sind immer unvergleichlich, ausgefallen und »nicht von dieser Welt«.

Der Magier versteht es, sich dem Augenblick hinzugeben und folgt damit dem Appell vieler spiritueller Meister, im »Hier und Jetzt« zu leben. Dieser Augenblick lässt sich am deutlichsten mit den Sinnen ausschöpfen. Seine Sinnesorgane sind überaus geschärft und verschaffen ihm ein Höchstmaß an Eindrücken und Stimulanzien, auf die er spontan und bereitwillig reagiert. Alles, was noch mehr Aufregung oder Erregung, mehr Drama und Gefühle verspricht, zieht ihn an.

Auch in seiner Familie steht der Magier am liebsten im Mittelpunkt des Interesses. Selbst im zärtlichen Geben, im intuitiven Einfühlen, im spielerischen Umgang mit dem Familienverbund bleibt klar, wer hier die größte Beachtung genießt. Seine volle Aufmerksamkeit gilt dem Gefühlsaustausch und dem Herstellen von möglichst großer Intimität. Wie durch Zauberkraft schwinden Konflikte, seine Zuwendung für jeden Einzelnen lässt Herzen schmelzen. Die Liebe und der Optimismus des Magiers verscheuchen den Schleier des Alltäglichen.

Seine Bedürfnisse nach Austausch und Kommunikation gehen aber weit über das hinaus, was ihm eine Familie bieten kann. Immer ahnt man das unstete Wesen, das ihn in die Welt treibt, zu frischen Kontakten, verführerischen Ideen und neuen Möglichkeiten, von seinem reichen Inneren zu geben. So ist ihm in der Regel auch keiner böse. Er will das Vergnügen ja nicht nur für sich, sondern teilt es bereitwillig mit anderen, nach dem Motto: »Die Liebe ist das Einzige, was sich vermehrt, indem man sie verschwendet.«

Wenn der Magier die Balance verliert

Um die Vorteile des Feuers genießen zu können, muss es innerhalb von Grenzen brennen. Das Feuer, das uns wärmt und erhellt, kann zur ungebändigten Feuersbrunst werden, wenn es außer Kontrolle gerät. Gleichermaßen braucht der Magier die Kraft des Bewusstseins, um sein inneres Feuer zu beherrschen. Seinen Wunsch nach grenzenloser Ausdehnung in Raum und Zeit muss er den Realitäten unseres Erdendaseins anpassen. Der Magier muss sich über seine Absichten klar werden. Nur so kann er seine Fähigkeiten zum Wohle für sich selbst und für die Menschheit einsetzen. Nur wenn er Leidenschaft und Enthusiasmus mit Demut und Mitgefühl paart, verhindert er egoistische und gierige Tendenzen, die seine Mitmenschen ausbeutet, anstatt ihnen zu geben.

Der Magier läuft Gefahr, nach Sensationen und permanenter Erregung süchtig zu werden. Am liebsten wäre er immer verliebt – in andere oder in sich selbst. Die Hippie-Bewegung war der Ausdruck dieses Wunsches, sich von der rosaroten Wolke davontragen zu lassen. Klopfte dann jedoch die Realität an die Tür, flüchteten sie mit Stimulanzien in ihre Traumwelt. Sex, bewusstseinserweiternde Drogen, Partys und unendliche visionäre Gespräche waren Wege, ein Paradies mit den Eigenschaften des Feuers zu schaffen: Liebe, Gefühle und der Genuss des Augenblicks.

Wenn die Flammen des Feuers unbegrenzt lodern, verschwimmen die klaren Konturen der Realität. Der Magier kann nun nicht mehr unterscheiden zwischen eigenen Gedanken und Gefühlen und denen seiner Mitmenschen, kann nicht mehr Wunsch und Wirklichkeit auseinanderhalten. Er verliert sich und damit das Gefühl für die eigene Identität. Verwirrung, Unsicherheit und Ängste ergreifen von ihm Besitz. Das mag bis zu Zuständen des Realitätsverlustes führen, in denen er Stimmen hört oder anderen Sinnestäuschungen erliegt und sie für die Wirklichkeit hält.

Die Faszination mit dem Extravaganten kann den Magier zum schillernden Paradiesvogel mutieren lassen. Das einseitige Festhalten an diesem überspitzten Zustand berücksichtigt jedoch nicht das natürliche Auf und Ab von Yin und Yang. Wenn der Magier nicht von der Bühne steigen will, um mit Ruhe und Rückzug seine Yin-Kräfte aufzufüllen, läuft er Gefahr, in den Zustand des »emporlodernden Feuers« – wie die Chinesen sagen – zu kommen. Verhaltensweisen, die auf ein ausgebranntes Yin hindeuten, nehmen zu: Sein Lachen wird zum hysterischen Gekicher, seine Rede zum törichten Geplapper, seine Gesten wirken künstlich und überdreht. Der intime Kontakt mit seinem Gegenüber bricht ab.

Von diesem Zeitpunkt an kann es wie in einem Teufelskreis bergab gehen. Die Angst des Magiers vor Isolation, Ausschluss von der Gesellschaft seiner Mitmenschen lässt ihn panisch reagieren: Er wird noch schwatzhafter und will um jeden Preis Aufmerksamkeit erregen. Seine Konzentration lässt nach und wendet sich sprunghaft – manchmal sogar schreckhaft – jeder neuen Quelle von Zuwendung oder Aufregung zu. Argwöhnisch und leicht verwundbar schwankt er zwischen grandioser Selbstüberschätzung und mimosenhaften Unwertgefühlen.

Körperlich drückt sich dieser Zustand in Nervosität, Herzrasen und Schlaflosigkeit aus. Sein Wärmehaushalt funktioniert nicht mehr: Er schwitzt oder fröstelt leicht. Was der Magier in diesem Zustand braucht, macht ihm gleichzeitig am meisten Angst: die Rückbesinnung auf die Qualitäten seines Wasser-Elements, um seine Yin-Kräfte zu stärken: Ruhe, Alleinsein, Meditation.

Wesentliche Charakterzüge
im Überblick

Ist der Magier energetisch im Gleichgewicht und ganz in seinem Element, erlebt man sein Verhalten als angemessen, rund und natürlich. Äußere wie innere Einwirkungen können den Energiefluss jedoch verlangsamen und stagnieren lassen. Blockiertes Qi sammelt sich an: Handlungen und Reaktionen wirken aufgebläht, unverhältnismäßig und übertrieben.

Auch ein Zuwenig an Qi kann entstehen, wenn man von der Quelle der Kraft abgeschnitten ist. Jetzt wirkt das Verhalten mühevoll und wie künstlich aufrechterhalten. Manche Ausdrucksformen, die nicht dem Persönlichkeitstypen entsprechen, ergeben sich außerdem aus der Verbindung zu den anderen Elementen im Kontrollzyklus oder Schöpfungszyklus (siehe Seiten 162f. und 166ff.).

Der Magier im ausgeglichenen Qi-Zustand

lebendig, leidenschaftlich, kommunikativ, bewusst, liebevoll, einfühlsam, zuversichtlich, mitfühlend, verführerisch, demütig, charismatisch, enthusiastisch, wach, klar, humorvoll

Verhalten bei Übermaß an Feuer-Qi

leicht erregbar, gierig, sentimental, theatralisch, überschwänglich, stolz, überkandidelt, verdreht, schwatzhaft, hysterisch, exzentrisch, dramatisch

Verhalten bei Mangel an Feuer-Qi

ängstlich, verschüchtert, panisch, verloren, kokett, leichtgläubig, verwirrt, fahrig, fügsam, empfindlich, verzagt, wortkarg, schreckhaft

Typische Herausforderungen im Leben des Magiers

- Die Aufgabe des Feuers ist die Umwandlung des Yin in Yang. Wenn die Kohle fehlt, wird es auch keine Flamme geben. Der Magier neigt in seiner Lebensfreude dazu, sein Feuer und damit sein Lebensprinzip überzubewerten. Die Bewunderung seiner Zuhörer und der donnernde Applaus seines begeisterten Publikums scheinen ihn darin zu bestätigen.
Doch trotz seines Wunsches nach ständigem Kontakt und Intimität muss der Magier lernen, sein Qi-Reservoir wieder aufzufüllen. Wer zum Himmel greift, braucht starke Wurzeln in der Erde. Für den Magier bedeutet dies: Stille, Alleinsein, Sammlung, Konzentration und Meditation um die eigene Mitte zu finden, aus der er wieder nach außen gehen und strahlen kann. Seine Herausforderung liegt in der Disziplin und Kontrolle seines Feuer-Qi.

- In seiner Ahnung vom großen universellen »Ja« der Existenz fühlt sich der Magier animiert, auch zu allem und jedem Ja zu sagen. Am liebsten möchte er die ganze Welt umarmen und erlebt jedes Nein als trennend und schmerzhaft. Dabei kann er oft nicht erkennen, dass automatisches Ja sowie ein Ja aus Angst vor Ablehnung nicht seiner Idee von spiritueller Liebe gerecht wird. Ohne ein gesundes Nein läuft er Gefahr, seine menschlichen Begrenzungen zu verleugnen und sich zu verlieren.

Die Magierin Johanna

Johanna ist eine allein stehende Frau, Mitte Fünfzig, und lebt seit sechs Jahren in zwei Ländern: In ihrem Wohnsitz Südfrankreich, wo sie sich ein Refugium aus einem herrschaftlichen Landsitz geschaffen hat, kann sie sich nach Bedarf zurückziehen. Ihr anderer Lebensraum ist Indien, wo sie regelmäßig Zeit verbringt, um ihrer spirituellen Suche nachzugehen. Somit hat sie ihren Traum verwirklicht, möglichst unabhängig zu sein und ihren Neigungen, Wünschen und Sehnsüchten nachzugehen.

Ihre Lebensgeschichte, die sie gern mit Humor und Augenzwinkern erzählt, ist voll von spontanen Aktionen, von Beziehungen und Affären, von Zufällen und Begegnungen mit außergewöhnlichen Menschen, die ihr Leben mit allen Höhen und Tiefen bestimmen. Sie lernte schon früh in ihrem Leben, sich immer wieder durch Meditation einen Platz in ihrem Inneren zu kreieren, um die Unstetigkeit ihrer wechselnden Partnerschaften, Berufsideen und Wohnungen auszugleichen. Nach Erfahrungen in der italienischen Studentenbewegung der sechziger Jahre mit feurigen Reden vor den Fabriktoren und der Gründung eines Frauenbuchverlages landete sie zunächst beim Management für einen großen deutschen Filmemacher. Ein weiteres Management für einen bekannten Tänzer brachte sie zum Aufbau und zur Leitung des mittlerweile größten, jährlichen Tanzfestivals in Europa. Ihr Talent, Organisatoren, Sponsoren, Politiker und Tänzer in einer Vision zusammenzubringen trägt hier Früchte. Ihre Arbeit beschreibt sie so: »Es gibt zwar ständig etwas zu tun, aber eigentlich tue ich gar nichts. Die Kontakte entstehen von allein, ich bin einfach nur da und rede mit den Leuten. Aber irgendwie scheine ich alle zu beflügeln und bringe die Menschen dazu, das zu tun, was sie sowieso alle am liebsten machen. Die Magie ist, dass es mich selbst am meisten inspiriert.« Wenn man sie auf Empfängen oder Partys sieht, wirkt sie wie ein wunderbarer Vogel, fröhlich, schillernd, mit Witz und Esprit.

In ihrer Offenheit erzählt sie, sich manchmal wie nicht von dieser Welt zu fühlen. In diesen Phasen ihres brennenden Feuers sehnt Johanna sich immer wieder nach ihrem Zuhause in Frankreich, in dem sie sich im stillen Alleinsein erholt.

Wie der Magier gesund, stark und ausgeglichen bleibt

Partnerschaft

Der Magier als Zeichen des großen Yang fühlt sich am Ende des Pendelausschlags vom Yang am wohlsten. Die Verschmelzung mit einem Liebespartner, die spirituelle Ekstase oder der dramatische Höhepunkt auf der Bühne ist sein Zuhause. Was für den Normalsterblichen Ausnahmeerscheinung ist, ist für ihn vertrauter Boden. Im Umfeld des Magiers fühlt man sich leicht unterlegen, auch wenn man mit Mitgefühl und echter Anteilnahme überschüttet wird. Als Freund oder Lebenspartner sollte man sich der inneren Berufung des Magiers bewusst sein. Seine Bestimmung, Glück und Liebe in die Welt zu bringen, nicht zu beachten oder nicht ernst zu nehmen bedeutet, sein Wesen nicht anzuerkennen.

Der Magier braucht eine starke Yin-Kraft in seinem Leben, die sein Feuer in Schach hält und als Ausgleich Raum und Zeit zur Verfügung stellt, um sich zu erholen. Aufgabe der Freunde oder Lebenspartner mag es immer wieder sein, diese Yin-Seite zu repräsentieren, ohne dabei den feurigen Ausdruck des Magiers abzuwerten. Denn trotz seiner Fähigkeit, leicht mit Menschen Kontakt aufzunehmen, kann sich der Magier in seinen Phantasien und Träumen verlieren. Er erlebt sich manchmal als so abgehoben, dass die Verbindung zu seinen Mitmenschen abzureißen droht. Dann fühlt er sich »allein dort oben« und damit einsam.

Hierin also liegt eine weitere Aufgabe des Partners oder der Freunde des Magiers, nämlich verständnisvoll und einfühlsam die Verbindung zu halten und bei der Landung auf der Erde behilflich zu sein. Gerade bei spirituellen Erfahrungen ist diese erdende Verbindung von immenser Bedeutung.

Menschen, die leicht eifersüchtig werden, haben es mit einem Magier-Partner schwer. Denn seiner Natur folgend öffnet er bereitwillig sein Herz und gibt seinem jeweiligen Gegenüber ungeteilte Aufmerksamkeit. Jedes Verhalten seines Partners, das ihn in seiner Freiheit einschränkt, erlebt der Magier als bedrohlich, da es sein Wesen untergräbt und ihm den Atem abschnürt. Doch er ist nicht unbedingt untreu, es scheint ihm aber einfach wesensfremd, sich in seinem Leben nur auf eine Person zu beziehen.

Kindheit

Eltern, deren Kinder vom Element Feuer geprägt sind, erleben ein Wechselbad der Gefühle. Ihre offenen und intelligenten Sprösslinge, die alle Mitmenschen mit ihrem verführerischen Wesen für sich einnehmen, erfüllen sie mit Stolz und Glück.

Der Schatten, mit dem sich solche Eltern auch konfrontieren müssen, sind Hochnäsigkeit, Besserwisserei und eine schier unendlich lodernde Lebensenergie, die erst Ruhe gibt, wenn die Kinder endlich ausgebrannt ins Bett fallen. Magier-Kinder brauchen soziale Kontakte über alles. Ohne Freunde, mit denen sie ihre Erlebnisse teilen können, ohne die konstante Aufmerksamkeit, Bestätigung und Anregungen ihrer Umwelt fühlen sie sich abgeschnitten von ihrem Lebenselixier: der Tuchfühlung mit der Vibration des Lebens.

Feuer-Kinder haben oft mit lebhaften Träumen und unruhigem Schlaf zu tun, wenn ihr brennendes Yang sie auch im Schlaf – ihrer Yin-Phase – nicht zur Ruhe kommen lässt. Die Eltern werden dabei zum wichtigen Ruhepol, denn die Kinder müssen wissen, wo sie nach ihren Höhenflügen wieder sicher landen können.

Beruf

Der Magier braucht auch in der Arbeit den Kontakt mit seinen Mitmenschen. Er ist der geborene Verkäufer und vermag es, einen Staubsauger als Medium für die schöne neue Welt anzubieten, von der Sie schon immer geträumt haben. Werbung ist eine Erfindung des Magiers: spritzig, witzig lebt sie von der Verbesserung des Lebens, man glaubt, ohne die verführerischen Produkte nicht mehr existieren zu können.

Während der Abenteurer – ebenfalls unter Yang-Einfluss – von der Reibung mit seinen Mitarbeitern lebt, weiß der Magier um seine unangefochtene Position an der Spitze der Hierarchie. Er ist nicht der Manager oder der Arbeiter, sondern das Herz des Unternehmens. So, wie das körperliche Herz die einzelnen Organe mit Blut und damit mit Wärme versorgt, inspi-

riert er seine Kollegen mit Phantasie, Witz und Esprit.
Er lobt, stachelt an, animiert und vermittelt den Spaß
der Arbeit.

Man fühlt sich nicht mehr nur als kleines Rad im Ge-
triebe, sondern wertvoll, einzigartig und wichtig. Kraft
seines Charismas verbindet er den Wesenskern der Menschen und damit ihren gemeinsamen Wunsch nach Erfolg, geteilter Vision und konstruktiver Kraft. Gegensätze werden nicht vermittelt, sondern weggeschmolzen.
Dies gelingt ihm, weil er durch Gefühle überzeugt.

Das Zuhause

Zuordnung nach den Regeln des Feng Shui	
Farbe	Rot
Richtung	aufsteigend
Räume	hoch, viel Platz
Form	dreieckig, mit Spitze nach oben, schräg, spitz, scharfe Winkel
Wohnort	Stadt
Materialien	Leder, Wolle, Seide, glänzende und reflektierende Stoffe, elektrische Produkte

Dem Geist des Magiers entspricht es, wenn er in mehrstöckigen Häusern möglichst weit oben wohnt. Dreieckige Formen wie etwa schräge Häusergiebel tragen zum Wohlbefinden bei, indem sie die aufstrebende Energie des Feuers verstärken. Die dreieckigen oder spitzen Formen der Pyramiden, Tempel und Kirchen sind Ausdruck der spirituellen Kraft des Feuers, oftmals betont durch rote Farbtöne.

Das unstete Wesen des Feuers braucht genug Platz, um sich zu bewegen, deshalb bevorzugt der Magier große Wohnungen oder Häuser. Er benötigt helle, lichte und hohe Räume und zieht eine luxuriöse, ungewöhnliche und verschwenderische Einrichtung vor. Manchmal hat er sogar einen Hang zum Schwülstigen. Er liebt kräftige Farbtöne, besonders natürlich rote, die seine Extravaganz und seine Lebenslust ausdrücken.

Das Schlafzimmer zeugt von der Wertschätzung des Magiers für Sinnlichkeit und unterscheidet sich von einer funktionalen Ruhestätte: Exklusive Bettwäsche, ein großer Spiegel, Musikanlage, vielleicht ein guter Wein, gute Düfte und Öle offenbaren Lust und Spaß an intimen Stunden.

Der Magier lebt gern an Plätzen, die ihm genug Anregungen bieten. Für sein ausschweifendes, gesellschaftliches Leben bieten sich natürlich alle Großstädte mit Kunst, Kinos, Theater, Musikveranstaltungen und Diskotheken an.

Wenn es dem Magier in seiner Wohnung oder auch an seinem Arbeitsplatz an Feuer mangelt, kann er Abhilfe schaffen, indem er mehr Rottöne benutzt: rote Tapete, Teppiche, Möbel oder Blumen. Man kann eine Wand oder die Türen rot anmalen. Kerzen, Räucherwerk oder viel Licht und Wärme verstärken das Feuer im Raum. Im alten China nahm man rote Goldfische oder Singvögel mit hellen Stimmen, um das Element Feuer zu stimulieren. Auch Materialien des Mutterelementes Holz können nach dem Schöpfungszyklus das Feuer stärken: Blumen, Pflanzen oder alle Arten von Holz sowie natürliche Fasern bei Stoffen, hierbei insbesondere die Seide mit ihrem Glanz.

Bei einem Überschuss an Feuer-Qi reduzieren Materialien des Elements Erde die übergroße Hitze: Lehmziegel, Keramik oder Stein sowie Farbtöne des Elements Erde: Gelb, Ocker oder Orange. Nach dem Kontrollzyklus (siehe Seite 166f.) kann man auch das Wasser-Element stärken, um das Feuer zu bändigen: Materialien aus Glas sowie fließendes Wasser oder Schalen und Vasen mit Wasser.

Bewegung und Sport

Der Magier ist in seinem Bewegungsdrang geprägt vom großen Yang. Sein Gang ist federnd, als wolle er bei jedem Schritt in den Himmel springen. Schnelle Bewegungen regen sein Körpergefühl an. Er wählt Sportarten, die ihn beflügeln und seinen Geist anregen. Allerdings: ohne Zuschauer ist alles nur der halbe Spaß. Magier legen deshalb auch bei Sport und Spiel Wert auf die äußere Erscheinung. Ob beim Aerobic im Fitnessstudio, als Leistungssportler beim Hochsprung oder mit Rollerblades auf der Flaniermeile: das bunte, auffällige

Outfit ist ein Muss. Für den Magier steht die Show, der Auftritt im Vordergrund und nicht der Gewinn oder der erste Platz, für den beispielsweise der Abenteurer alles geben würde. Da die Medien die Tendenz zur Show im Sportgeschehen fördern, tauchen mehr und mehr amüsante, bizarre Formen auf, die ein überspanntes Feuer produzieren kann.

Magier neigen dazu, ihr Qi in die Yang-Bereiche des Körpers zu kanalisieren, nämlich in die oberen Körperregionen und in die äußerste Schicht des Körpers, die Haut. Bei Anstrengung staut sich das Blut im Kopf und führt zu Überhitzung.

Magier tun daher gut daran, ihr überschießendes Feuer durch die Stärkung des Wasser-Elements im Zaum zu halten. Dies erreichen sie, indem sie langsam und bedächtig gehen und sich dabei auf ihre Fußsohlen konzentrieren. Eine andere Möglichkeit besteht darin, im Schneidersitz in den Beckenboden zu atmen und mit geschlossenen Augen alle äußeren Sinnesreize zu reduzieren. Magier sollten auch stets auf genügend Flüssigkeitszufuhr achten.

Urlaub

Der Magier will im Urlaub inspiriert werden. Vor der Urlaubsplanung sollte er sich deshalb darüber klar werden, welche Teile seines Wesens im Alltag zu kurz gekommen sind. Der Ausgleich eines unerfüllten Bedürfnisses darf ruhig als roter Faden für die schönsten Wochen des Jahres gelten: Ist es das exotische, aufregende Neue ferner Länder? Sind es neue Bekanntschaften oder ein heißer Flirt? Gilt es, die zu kurz gekommene Intimität mit dem Lebenspartner aufzufrischen? Ist es die Sehnsucht nach mehr Spiritualität, nach Verschmelzung mit dem Göttlichen?

Der Magier sollte sich konzentriert einem Thema widmen und alles andere sich darum entwickeln lassen. Eine gute Planung kann ihn vor Frustration schützen. Denn der Magier neigt dazu, in den Urlaub alles hineinpacken zu wollen – und endet dann im nervösen Chaos. Wichtig ist in jedem Falle eine Umgebung mit viel Licht und Sonne. Er hat keine Schwierigkeiten, unter Menschen zu sein, verabscheut es aber, sich im Massentourismus unters »gewöhnliche« Volk zu begeben.

Ernährung

Da Menschen unter dem Einfluss des Feuers zu Überhitzung neigen, empfiehlt sich, genügend kühlende Nahrungsmittel zu sich zu nehmen. Sämtliche Arten der Rohkost, ob als Früchte, Gemüse oder Salate, stärken die Körpersäfte und halten so das Feuer in Schach. Besonders zu empfehlen sind: Südfrüchte (Orange, Zitrone, Grapefruit, Ananas, Banane, Wassermelone, Kiwi, Kaki, Mango), heimische Früchte (saurer Apfel, Sauerkirsche, Birne, Quitte) sowie Beeren (Brom-, Erd-, Johannis-, Heidel-, Him-, Holunder-, Preisel-, Stachelbeere), Salate und Sprossen (Alfalfasprossen, Endiviensalat, Chicoree, Eisbergsalat, Feldsalat, grüner Salat, Kresse, Radicchio) sowie Gemüse (Tomaten, Gurken,

Spargel, Rettich, Sauerkraut, Broccoli, Blumenkohl, Zucchini).

Des Weiteren stärken folgende Nahrungsmittel das Element Wasser und halten somit ein zu stark loderndes Feuer in Schach: Meeresalgen wie Nori, Kombu oder Wakame, Sojasauce und Miso, eine Paste aus fermentiertem Getreide. Bei den Getränken sind besonders nahe liegend: Wasser und Mineralwasser, außerdem Grüner Tee, Enziantee, Schafgarbentee und Schwarzer Tee.

Bei einem Mangel an Feuer hingegen sollte man verstärkt mit feurigen Gewürzen die Speisen verfeinern. Besonders geeignet sind: Chili, Cayenne, Curry, Ingwer, Kardamon, Kümmel, Liebstöckel, Senf, Schnittlauch, Knoblauch, Rosmarin, Paprika, Zimt, Fenchelsamen, Pfeffer, Muskatnuss, Nelke und Sternanis. Ausgleichend bei Mangel wirken auch die Getränke: Getreidekaffee, Kaffee, Rotwein, Glühwein.

Checkliste:
Ist Ihr Element im Gleichgewicht?

Wenn Sie als Magier spüren, dass Ihr Element Feuer auf Sparflamme oder aber lichterloh brennt, Sie also Anzeichen von Mangel oder Übermaß erkennen, sollten Sie sich mit folgenden Fragen auseinandersetzen:

- Erlebe ich in meinen Beziehungen genug Raum für Intimität und Sinnlichkeit?

- Versteht und schätzt mein Partner mein Verlangen nach Kontakt mit anderen Menschen? Hemmt Eifersucht und Neid mein Kontaktbedürfnis?

- Habe ich in meiner Arbeitssituation ausreichend Gelegenheit, meine Fähigkeiten anzuwenden: Gegensätze zu vereinen, Menschen zu inspirieren, neue Kontakte zu machen und zu repräsentieren?

- Gibt es in meinem Leben genug Humor und Spaß, genug Offenheit für neue – und manchmal verrückte – Ideen?

- Bin ich umgeben von jungen oder jung gebliebenen Menschen, die meinen eigenen Optimismus und Enthusiasmus für das Leben teilen?

- Repräsentiert mein Wohnraum die Frische, Leichtigkeit und Ungebundenheit meines Lebensstils sowie den Luxus, den ich verdiene?

- Hat kulturelle und spirituelle Inspiration genug Platz in meinem Leben?

- Kann ich mein natürliches Bedürfnis ausleben, Menschen Liebe zu geben und Mitgefühl zu zeigen?

Erde – Der Vermittler

Das Element Erde

Erde ist der Inbegriff für das Fundament in unserem Leben. Auf ihr stehen wir und auf ihr gehen wir. In unserer verletzlichen Zeit des Schlafes betten wir uns auf sie und vertrauen darauf, von ihr getragen zu werden. Nach der Bibel schuf Gott uns Menschen aus einem Klumpen Erde und versinnbildlicht damit die enge Verbindung der Erde mit unserem Körper. Zu Urzeiten der Menschheit suchten unsere Vorfahren in den Höhlen der Berge Zuflucht vor den Unbilden der Natur, vor wilden Tieren und feindlichen Stämmen. Die Erde ist das Inbild von Sicherheit und Beständigkeit, sie ist unser Reservoir, unsere materielle Basis, von der wir alle leben.

In der Frühgeschichte der Menschheit wurde die Erde von vielen Stämmen als Urmutter allen Lebens oder als Fruchtbarkeitsgöttin verehrt. »Mutter Erde« versorgt ihre Kinder Jahr für Jahr mit Nahrung, sie wiegt, nährt und sorgt sich um das Leben, das sie gebar. Im ewigen Kreislauf der Natur kehrt alles zu ihr zurück, was aus ihr entstanden ist. Der Same keimt in der Erde und wird mit seinen Wurzeln stets mit ihr in Verbindung bleiben. Je stärker er verwurzelt ist, umso höher kann er in den Himmel wachsen. Wenn seine Zeit vorbei ist, nimmt die Erde ihn wieder in ihren Schoß, lässt ihn verwesen und verhilft damit einer anderen Pflanze zu Wachstum.

Die Erde gab unserem Planeten seinen Namen und bestärkt damit seine Sonderstellung unter den Elementen. Sie ist weder Yin noch Yang, sie ist wie die Mitte einer Kugel, wo es kein oben oder unten, kein links, kein rechts und keine Himmelsrichtung gibt. Alle anderen Elemente entstehen aus ihr, sie bildet das Zentrum, die Mitte, um die sich alles dreht. Durch ihre Schwerkraft hält sie – gleich einem unsichtbaren Seil – Kontakt mit allen Lebewesen, lässt sie wissen, wo sie hingehören, ähnlich einer Mutter, die ihrem Kind die nötige Freiheit gibt, es aber nie aus den Augen lässt. Die Erde gibt uns ein Gefühl von Zeit und Raum, so dass wir die Richtung ändern können, ohne die Balance zu verlieren.

Die Energie der Erde prägt den Spätsommer. Den Höhepunkt des Sommers überschritten, nähert sich das Jahr dem Herbst. Dazwischen liegt eine Zeit am Übergang von Yang zum Yin wie das Innehalten zwischen Ein- und Ausatmen. Die Zeit scheint zu verweilen, um die perfekte Harmonie der Reife zu genießen. Wie wenn man ein Pendel am Ende des Ausschlags zu verharren glaubt, so blickt die Natur auf das Geschaffene zurück. Es ist eine Phase der Ruhe, der Entspannung, der stillen Zufriedenheit. Für eine kurze Zeitspanne scheint das Rad von Geburt, Wachstum, Vergehen und Tod anzuhalten.

Das Wissen um die Abläufe in der Natur, das in allen Völkern von Generationen zu Generationen weitergegeben wurde, hat auch in diesem Jahr Früchte getragen. Dieses Wissen bildet das Rückgrat der Traditionen. Es sichert seit Jahrtausenden den Fortbestand von bewährten Erfahrungen und damit das Überleben.

Im Spätsommer feiert man zufrieden beim Erntedankfest ein ertragreiches Jahr und spendet dabei den Bedürftigen und Schwachen. In der Fülle der Erntezeit erkennt man die Notwendigkeit der Gemeinsamkeit, der Einheit mit den Mitmenschen und der Harmonie, die aus ausgewogenem Geben und Nehmen entsteht.

Der Persönlichkeitstyp: Vermittler

Der Vermittler lebt für seine Aufgabe, Extreme zu mäßigen, Gegensätze auszugleichen und für Harmonie zu sorgen. Tief in seinem Inneren weiß er, dass er das Zentrum ist, von dem alles ausgeht und zu dem alles zurückkehren muss. So kann er warten und sich in Gleichmut üben, bis sich Emotionen ausgelebt und die Extreme ihre Spitzen abgeschliffen haben.

Während der Abenteurer seine Herausforderung sucht, der Magier seiner Selbstverwirklichung nachgeht, der

Richter nach der perfekten Form und Funktion trachtet und der Sucher das Mysterium des Lebens erkunden will, bereitet der Vermittler das große Festmahl vor, um alle zu bewirten. So hochtrabend die Pläne oder tiefschürfend die Ideen sein mögen, die jeder verfolgt, der Körper verlangt nach Nahrung und bringt jeden an den Mittagstisch.

Die Küche als Zentrum des Zuhauses ist das unumschränkte Reich des Vermittlers. Sie dient als Fortsetzung der Mutterbrust, von der wir Nahrung, Sicherheit, Wärme und Güte empfangen. In der Küche laufen die Fäden des sozialen Netzwerkes zusammen, das der Vermittler spinnt und aufrechterhält.

Sein angeborenes Talent lässt ihn Beziehungen ins Leben rufen und pflegen. Dies gilt sowohl für seine eigene Familie als auch für Verbindungen zwischen anderen Gruppierungen von Menschen. Er genießt es, sich inmitten seines Freundeskreises aufzuhalten, aber nur ungern steht er im Rampenlicht, wie zum Beispiel der Magier. Er arbeitet lieber im Verborgenen und genießt die Früchte seiner Anstrengung im Stillen.

Er regelt Zwistigkeiten in der Familie und im Freundeskreis mit Sympathie und Mitgefühl für beide Parteien und wandelt dabei mit diplomatischem Geschick Unstimmigkeiten in Harmonie um. Als Bote zwischen den verschiedenen Standpunkten der Streitparteien strebt der Vermittler immer danach, Gemeinsamkeiten herauszufinden, um auf diese Weise Brücken schlagen zu können. Wie ein Chamäleon passt er sich den Eigenheiten seiner Umgebung an und schafft so eine Atmosphäre von Verständnis, Vertrauen und Entspannung. Zu Hilfe kommt ihm seine erdige Intelligenz, seine Bauernschläue und sein pragmatisches Handeln.

Eine Geschichte von Mulla Nasrudin – einem Weisen der Sufi-Tradition – kann uns diese Wesensart in humorvoller Art vermitteln: Nasrudin saß im Schaukelstuhl auf seiner Terrasse, als ihn der Nachbar zu seiner Linken aufsuchte und begann, sich über den anderen Nachbarn Mullas aufzuregen, ihn schlecht machte und ihn allerlei übler Dinge bezichtigte. Nasrudin stimmte ihm zu: »Du hast ganz Recht.« Kurz nachdem der Nachbar verschwunden war, tauchte der Nachbar zu Mullas Rechten auf und begann nun gleichermaßen über den Nachbarn zu Mullas Linken herzuziehen. Nachdem er ihm geduldig zugehört hatte, bestätigte er auch ihm: »Du hast ganz Recht.« Als er gegangen war, empörte sich Mulla Nasrudins Frau, die alles mit angehört hatte: »Du Heuchler, du Scheinheiliger! Du hast wohl nicht den Mut zu einer eigenen Meinung.« »Du hast ganz Recht«, sagte Nasrudin und zog genüsslich an seiner Pfeife.

Ausgestattet mit einer natürlichen Verbindung zu seiner Umwelt, sorgt der Vermittler für sie wie eine Mutter für ihr Kind. Er bringt uns in Kontakt mit ihr und lässt sie uns als Teil unseres Wesens erleben. Die Verletzung, Verschmutzung und Ausbeutung natürlicher Lebensräume trifft ihn in seinem innersten Kern. Er weiß um die Abhängigkeit des Menschen von der Natur und wird nicht müde, seinen Mitmenschen dies (ohne den erhobenen Zeigefinger) ins Bewusstsein zu rufen.

Er umgibt sich gern mit Pflanzen und Tieren, stattet sein Zuhause mit natürlichen Materialien aus oder züchtet auf dem Balkon Kräuter für die Küche.

Der Vermittler ist geprägt von Liebe – nicht die heiße, erotische Liebe zwischen Partnern, sondern die nährende, selbstlose Liebe und Sympathie. Wer am meisten der Liebe und Hilfe bedarf, rührt das große Herz des Vermittlers. Hier teilt er und gibt, hier fühlt er seine große Verpflichtung für die Menschheit.

In der geschäftigen Anonymität der Welt schafft er Oasen der Menschlichkeit. Konservativ – in der Bedeutung von bewahrend – sichert er den Zusammenhalt von Familien, Vereinen und Gemeinschaften. In diesen Gruppierungen sieht er die Garantie für das Fortbestehen des Lebens. Darum pflegt er liebend gern Traditionen, Gewohnheiten und die Verbindungen untereinander. Er liebt es, wenn die Zukunft der Vergangenheit gleicht und damit vorhersehbar ist.

Der Vermittler ist ein gern gesehener Freund und Kollege. Immer hat er Zeit für ein Schwätzchen, er hört aufmerksam zu, gibt bereitwillig Rat und scheint Sorgen und Probleme wie ein Schwamm aufzusaugen. Er selbst nimmt wenig in Anspruch, erscheint nach außen stets ausgeglichen und gelassen. Mit einem freundlichen Lächeln auf den Lippen verbirgt er seine eigenen Schwierigkeiten, die er vielleicht gerade mit sich herumträgt.

In der chinesischen Medizin werden dem Element Erde die Organe Magen, Zwölffingerdarm, Bauchspeicheldrüse und Milz zugeordnet. Diese Organe sind die Kraftquelle für alle anderen Organe im Körper. Sie empfangen die Nahrung, schlüsseln sie auf und transportieren die Nährstoffe weiter. Aufnahme und Weitergabe ist die elementare Bestimmung dieser Organe.

Auch der Vermittler gibt und nimmt mit Natürlichkeit und Selbstverständlichkeit. Er kanalisiert seine Gaben an die richtigen Stellen, wohl wissend um die richtige Verteilung. Bodenständige Intuition lässt ihn gerade dann mit Menschen Kontakt aufnehmen, wenn es brennt. Oft stellt er genau die Fragen, die den Nagel auf den Kopf treffen, und ist damit der Lösung ein großes Stück näher gerückt.

Der Vermittler ist ein Herdentier. Im Verbund mit seinen Mitmenschen fühlt er sich aufgehoben, und er braucht die Gewissheit um seinen Platz in der Gemeinschaft. Es ist ihm ein Grundbedürfnis, mit einbezogen und unentbehrlich zu sein. Da er seine Belange leicht hintan stellen kann, kommt er auch mit kleinen Aufgabenbereichen gut zurecht. Karrieredenken und Machthunger sind ihm fremd.

Als akzeptiertes Mitglied in einer Firma oder eines Vereins erledigt er seine Aufgaben zuverlässig und gewissenhaft. Seine Aufmerksamkeit gilt den Details, für die er eine stille Freude empfindet. Er liebt das wiederholte Ausführen von Arbeiten. Dies entspricht seinem Wunsch nach Regelmäßigkeit und entspannt ihn. Er fühlt sich in der Rolle der Arbeitsbiene wohl, das Streben, Bienenkönigin zu werden, überlässt er anderen. Seine Stärke liegt in der Loyalität, sein Weg zur Selbstzufriedenheit führt über das Dienen. Er verwaltet das Erreichte und stärkt damit das stabile Fundament für die ganze Gemeinschaft.

In seinem Wesenskern ein Muttertier, fühlt sich der Vermittler in der Familie zu Hause. Er ist der Klebstoff, der das Familiengefüge zusammenhält, die gute Seele, die das Heim mit ihrem Wesen ausfüllt und organisiert. Kinder wachsen in Harmonie und Sicherheit auf, die ihnen das Gefühl vermittelt, immer willkommen und angenommen zu sein. Einheit – in Perfektion im Mutterleib erlebt – bleibt das konstante Bestreben des Vermittlers, auch wenn er damit riskiert, sich selbst in den Bedürfnissen der anderen zu verlieren.

Auch die sexuellen Werte des Vermittlers liegen in der Verbundenheit, die beim Liebesakt entsteht. Die Umarmung, das Schmusen als Möglichkeit, eine Einheit zu bilden, ist ihm wichtiger als alles andere. Seine Selbstbestätigung gründet sich auch in diesem Gebiet darauf, gebraucht zu werden und damit für seinen Partner wichtig zu sein.

Wenn der Vermittler die Balance verliert

Wenn Erde zu trocken und porös wird, gibt sie den Wurzeln des Vermittlers zu wenig Festigkeit. Als Sand oder Staub verliert sie ihren Zusammenhalt und kann vom Winde verweht werden. Erhält sie jedoch zu viel Feuchtigkeit, wird sie zum Morast oder Sumpf, der nichts mehr freigibt. In beiden Fällen verliert die Erde ihre Konsistenz, und dies lässt sich als Metapher auf den Vermittler übertragen, wenn er aus der Balance gerät.

Der Wesenskern – die Stabilität seiner Mitte – geht verloren. Wo er locker und gelassen die Fäden spannte, wird er jetzt klammernd und unsicher. Das Geben um seiner selbst willen, aus dem Bewusstsein der Fülle, weicht dem kalkulierten Tauschgeschäft, um seine innere Leere aufzufüllen. Diplomatie wird nun zur Manipulation für eigene Interessen. Er macht anderen Menschen – bewusst oder unbewusst – Schuldgefühle und übt damit Macht aus. Seine Fähigkeit, sich anzupassen, verkommt zu einer Position des »Fähnchens im Wind«, ohne Meinung, Standpunkt und Festigkeit.

Mangelnder Selbstwert verführt ihn dazu, anderen gefallen zu wollen, auch auf Kosten seiner Würde. Die eigenen Bedürfnisse kommen bei solch einem Verhalten natürlich zu kurz. Seine warmherzige, mitfühlende

Anteilnahme wird nun als klebrig-süße Einmischung in die Privatsphäre anderer empfunden.

Auch körperlich versucht der Vermittler, seine innere Leere aufzufüllen. Er beginnt, mehr zu sich zu nehmen als abzugeben. Das heisst, er isst zu viel, speichert Nahrung wie ein Bär vor dem Winterschlaf und legt an Gewicht zu. Seine Erde verdichtet sich und behindert durch zu viel Masse die Beweglichkeit. Der Vermittler wird nun zunehmend unfähiger sich neu zu orientieren. Er hält fest an Altem und Bekanntem. Es fällt ihm schwer, Veränderungen zu akzeptieren und in sein Leben zu integrieren. Die eigenen Kinder, die dem Elternhaus den Rücken kehren, Freunde, die das gewohnte soziale Netzwerk verlassen, Bekannte, die sterben und somit Lücken hinterlassen, erlebt der Vermittler als existentiell bedrohliche Schicksalsschläge. Veränderungen im Lauf des Lebens bedeuten für ihn persönliches Versagen oder eine ihm zugefügte Schmach. Er fühlt sich ausgebootet. Schwermütig grübelt er über die möglichen Fehler, versucht sich in Schuldzuweisungen und kommt zu dem Schluss, dass früher alles besser war.

Eine typische Verhaltensweise der unharmonischen Erde ist das sentimentale Kramen in alten Fotoalben und vergilbten Briefen. Sie versinkt in Erinnerungen und kann endlos von der guten, alten Zeit erzählen. Wie das eigene Körpergewicht schleppt der Vermittler die Vergangenheit als Ballast mit sich herum. Dabei zieht er die Sicherheit und Stabilität bekannter Beziehungen vor, auch wenn sie ihn auslaugen und schwächen.

Wesentliche Charakterzüge
im Überblick

Ist der Vermittler energetisch im Gleichgewicht und ganz in seinem Element, erlebt man sein Verhalten als angemessen, rund und natürlich. Äußere wie innere Einwirkungen können diesen Energiefluss jedoch verlangsamen und stagnieren lassen. Blockiertes Qi sammelt sich an: Handlungen und Reaktionen wirken aufgebläht, unverhältnismäßig und übertrieben.

Auch ein Zuwenig an Qi kann entstehen, wenn man von der Quelle der Kraft abgeschnitten ist. Jetzt wirkt das Verhalten mühevoll und wie künstlich aufrechterhalten.

Manche Ausdrucksformen, die nicht dem Persönlichkeitstypen entsprechen, ergeben sich außerdem aus der Verbindung zu den anderen Elementen im Kontrollzyklus oder Schöpfungszyklus (siehe Seiten 162f. und 166ff.).

Der Vermittler im ausgeglichenen Qi-Zustand

erdverbunden, stabil, nett, freundlich, mitfühlend, gesellig, entgegenkommend, diplomatisch, taktvoll, rücksichtsvoll, unterstützend, nährend, sozial, entspannt, ausgleichend, loyal, beschützend, selbstlos, barmherzig, sorgfältig

Verhalten bei Übermaß an Erde-Qi

festgefahren, statisch, unbeweglich, sorgenschwer, schwermütig, anmaßend, überprotektiv, herrisch, bedrängend, quengelnd, sich ständig einmischend, aufopfernd

Verhalten bei Mangel an Erde-Qi

klammernd, strukturlos, unschlüssig, zaudernd, unsicher, labil, zerstreut, abhängig, untertänig, hörig, unterwürfig, saft- und kraftlos, schmeichlerisch, orientierungslos, märtyrerhaft

Typische Herausforderungen im Leben des Vermittlers

- Die Stärke des Vermittlers liegt in der großen Kapazität, sich dem Spiel des Lebens anzupassen und Verschiedenartigkeit unter einer Decke zu vereinen. Die Erde lebt vom Wechselspiel der Jahreszeiten, Kälte und Wärme, Regen und Trockenheit, Yin und Yang. Ohne Verwesung der abgestorbenen Pflanzen, ohne Wachsen von neuen Trieben ist sie tote Erde. Auch der Vermittler gleicht aus und ersetzt alte, leblose durch neue, frische Beziehungen. In seiner Sympathie für den Werdegang und damit auch für die Vergangenheit des einzelnen Menschen ist er jedoch nicht selten versucht, sich zu sehr am Gewesenen zu orientieren. Der Vermittler muss lernen, dass das dumpfe Wiederholen von Vergangenheitsmustern und das rigide Festhalten am Altbekannten in einer Sackgasse endet. Erfahrung ist wie Nahrung, die verdaut, verwertet und wieder losgelassen werden muss, um zum Wachstum beizutragen. Dem Vermittler ist die Aufgabe gestellt, das Gleichgewicht zwischen seinem Wunsch nach Stabilität und der Notwendigkeit der Wandlung zu finden. Beides sind Wesenszüge seines Elements, die erst im harmonischen Miteinander die scheinbare Widersprüchlichkeit verlieren.

- Wie bereits erwähnt, bezieht der Vermittler viel von seinem Selbstwertgefühl aus dem Wissen, für andere Menschen wichtig und nützlich zu sein. Die Einbindung in ein soziales Netz befriedigt ihn. Zutiefst aber fürchtet er, nicht zu genügen. Mehr von sich zu geben, als ihm zur Verfügung steht, nährt seine Angst, letztendlich mit leeren Händen da zu stehen und sein Selbst zu verlieren. Seine Herausforderung besteht darin, die Balance zwischen Geben und Nehmen zu finden und sich seinem Wesen gemäß in beide Richtungen auszudehnen.

Die Vermittlerin Katrin

Katrin ist eine attraktive 38-jährige Frau mit mütterlicher Ausstrahlung und erdverbundenem Gang. Sie wuchs im Allgäu mit vier anderen Geschwistern auf, wurde Kindergärtnerin, kam in jungen Jahren mit einer spirituellen Bewegung in Kontakt und lebte für die nächsten 12 Jahre fast ausschließlich in Wohngemeinschaften, Kommunen und Meditationszentren. Ihr Leben bewegte sich stets im geistigen wie auch realen Umfeld ihrer »spirituellen Familie«, wie sie es bezeichnete, so dass sie eine Familiengründung mit Mann und Kind aus den Augen verlor.

Als die große Kommune, in der sie lebte, aufgelöst wurde, war das für sie ein großer Schlag. Die Mitglieder zerstreuten sich in alle Himmelsrichtungen. Sie fühlte sich verloren, und es fehlte ihr Geborgenheit, Sicher-

heit und das Gefühl, gebraucht zu werden. Der Alltag
mit seinen Anforderungen, sich selbständig durchs Leben zu schlagen, war für sie zermürbend. Der Spaß an
Unabhängigkeit und Karriere, wie sie viele ihrer alten
Freunde erlebten, hatte für sie keine Attraktivität. Sie
zog zu ihrem Freund nach Amerika, der aber ihren
Wünschen nach Familiengründung nicht nachkam.

Bald interessierte sie sich erneut für eine andere spirituelle Gruppe und war in kürzester Zeit wieder mit Haut
und Haaren involviert. Ihre Aussagen zu dieser Zeit:
»Ich diente der guten Sache, war wieder Teil eines größeren Ganzen. Tagsüber jobbte ich und gab das Geld
und meine gesamte Freizeit dem Zusammenwachsen
meiner neuen Familie. Endlich hatte ich wieder eine
Aufgabe: für die anderen da sein und der Gemeinschaft
zu helfen, zu Gott zu kommen.« Da sie genug Bewusstsein hatte, die Wiederholung ihrer Geschichte zu
sehen, löste sie sich nach zwei Jahren aus freien Stük-
ken aus dieser Situation.

Heute hat sie in den USA eine Stelle in einem kleinen
Hotel mit Restaurant angenommen. Die Chefin rief sie
eines Tages an und sagte: »Ich brauche dich.« Als Mana-
gerin kümmert sie sich um die Gäste und versorgt sie
mit allem, was sie sich wünschen, um ein romantisches
Wochenende zu verbringen. Mit Hingabe widmet sie
sich den kleinen Details, den Blumen, den Farben der
Servietten und sorgt für liebevolle Stimmung. Sie ist
Anlaufstelle für das mexikanische Küchenpersonal und
ihre kleinen Sorgen, kurz: Sie darf Mama spielen und
zieht die Fäden im Hintergrund. »Noch nie habe ich
mich so in meinem Element gefühlt wie jetzt. Das Be-

ste ist: Das ganze Hotel wurde im alten viktorianischen Stil des 16. Jahrhunderts errichtet. Die haben das alles in England abgebaut und hier in San Francisco wieder Stück für Stück zusammengesetzt. Es riecht nach alter Tradition, kein Möbelstück ist neu! Und manchmal zieh ich mir ein Dirndl an und bediene die Leute. Das schönste ist, wenn sie alle zufrieden sind.«

Wie der Vermittler gesund, stark und ausgeglichen bleibt

Partnerschaft

Der Vermittler findet in einer Lebensgemeinschaft sein Lebenselixier. Er wird alles dafür tun, ein kuscheliges, sicheres Nest zu bauen, in dem der Lebenspartner sich wohl fühlt und auftanken kann. Loyalität, Treue, Harmonie und Stabilität sind die vier Grundpfeiler, auf denen der Vermittler sein Beziehungshaus baut – ein Haus für die Ewigkeit.

Als bereitwillig sorgender Vater oder Mutter findet der Persönlichkeitstyp der Erde seine Erfüllung. Für ihn ist es selbstverständlich, dass Partnerschaften in Ehen münden mit dem Wunsch, eine große Familie zu gründen. Andere Gründe für Partnerschaften hinterlassen bei ihm immer einen schalen Nachgeschmack. Denn obwohl seine Anpassungsfähigkeit es ihm ermöglicht, sich den Vorstellungen seines Lebensgefährten zu fügen, bliebe er in seinem tiefsten Inneren doch unerfüllt, und seine Bestimmung im Leben käme nicht zum Tragen.

Geplante Kinderlosigkeit, kurzfristige Liebschaften und Affären, Singledasein, Scheidungen oder gleichberechtigte Rollenverteilung in der Ehe erlebt der Vermittler als Symptome einer aus den Fugen geratenen Gesellschaft. Die moderne westliche Gesellschaftsform wird daher für den Vermittler zum Problem. Seine Werte bildeten seit Jahrtausenden das tragende Element für den Fortbestand gesellschaftlicher Normen. Der Verfall dieser Grundwerte und das damit verbundene Auseinanderfallen familiärer Bande wirken sich besonders für den Vermittler verheerend aus. Denn der entstehende Sinnverlust ist für ihn und ganz allgemein gesehen die Wurzel für körperliche und seelische Krankheiten, die aus einem Mangel an Erde-Qi entstehen können: Depression und Suchtverhalten wie Alkohol-, Nikotin-, Ess- oder Magersucht.

Im Bereich der körperlichen Liebe schätzt der Vermittler die Verbundenheit, die aus dem Liebesakt entsteht, als höchstes Gut. Da er an dem Gefühl gebraucht zu werden hängt, vermag es sich ganz den Vorlieben und Wünschen seines Partners oder Partnerin anzupassen.

Kindheit

Erd-Kinder lieben den sicheren Familienverbund. Sie leiden stark unter Streitigkeiten der Eltern, Scheidung oder sonstigen unharmonischen oder unstabilen Verhältnissen. In diesen Fällen schlüpfen sie in die Rolle, zwischen den Parteien zu vermitteln. Familienfeste, Geburtstagsfeiern stehen ganz hoch im Rang. Die Mahlzeiten zu festgelegten Zeiten vermitteln dem jungen Erde-Kind Sicherheit. Es wächst hinein in eine feste, ihm zugewiesene Aufgabe und Rolle im Familienverbund. Aus ihr schöpft es seine Anerkennung und sein Selbstwertgefühl.

Wenn die Eltern dem Kind ein geborgenes Zuhause bieten, macht es ihnen der junge Vermittler leicht. Er ist anhänglich, genügsam und mit gleich bleibender Routine zufrieden. Haustieren schenkt er seine ganze Liebe und sorgt sich hingebungsvoll um sie. Aber auch sonst nimmt er sich jeder Kreatur an, die seiner Hilfe bedarf: aus dem Nest gefallene Vögel, humpelnde Katzen oder streunende Hunde. Seine Umwelt erobert er nicht im Sturm wie der Abenteurer, sondern er dehnt sich aus, langsam und stetig, verleibt sich sozusagen sein neues Territorium ein.

Vermittler neigen dazu, Stubenhocker zu sein. Das entspricht ihrer natürlichen Neigung, im bekannten Rahmen zu bleiben. Fernsehen und Couch üben auf sie eine magische Kraft aus. Große Freude erleben sie, wenn sie auf dem Dachboden in der Vergangenheit stöbern dürfen. Alte Bücher und Fotos, Kleider und Hüte lassen die Welt der Ahnen lebendig werden und damit die eigenen Wurzeln.

Erde-Kinder entwickeln ihre Vorliebe für Gewohnheiten und Routinen schon im frühesten Kindesalter: dasselbe Spiel, dieselbe Geschichte zum Einschlafen, das gleiche Essen. Damit können sie ihre Eltern schon mal gehörig aus der Fassung bringen.

Eltern dieses Persönlichkeitstypen müssen auf die Ernährung ihrer Sprösslinge ganz besonders achten. Der Vermittler liebt alles, was süß schmeckt. Mit seiner Veranlagung zu gemächlicher Bewegung wird oft schon in frühen Jahren die Grundlage für Übergewicht gelegt.

Beruf

Der Vermittler braucht, wie wir gesehen haben, Menschen um sich. Am wohlsten fühlt er sich in einem überschaubaren Unternehmen in gesicherter Position. Als Verwalter von bereits Geschaffenem hat er nichts dagegen, täglich die gleichen Arbeiten zu wiederholen. Kreatives Arbeiten an neuen Projekten ängstigt oder überfordert ihn eher. Er überlässt dies deshalb gern anderen.

Seine Stärke liegt im Sozialverhalten. Er kümmert sich um die Kaffeepausen, die kleinen Geburtstagsgeschenke und macht sich beliebt, indem er im Hintergrund vermittelt. So sorgt er für gute Stimmung und Harmonie und verkuppelt schon mal zwei Mitarbeiter. In der

Rolle des Beichtvaters ist er ebenso zu Hause wie in der Rolle der Glucke, die auf alle aufpasst.

Der Erfolg in der Arbeit ist für ihn nicht so wichtig, wohl aber das Arbeitsklima und das Fortbestehen des Unternehmens. Mit dem Fokus auf die erwähnten menschlichen Qualitäten schafft der Vermittler einen dringend benötigten Ausgleich zur angespannten Leistungsorientierung in vielen Unternehmen.

Das Zuhause

Zuordnungen nach den Regeln des Feng Shui	
Farbe	Gelb, Erdfarben
Richtung	kreisend
Räume	mittelhoch
Form	eckig, quadratisch, flach, niedrig, einfach
Wohnort	Land
Materialien	Backsteine, Keramik, Lehm, Marmor, Steine, Zement, Ziegel

Vom Element Erde bestimmte Menschen leben am liebsten in ihrem eigenen Häuschen. Nach den Regeln des Feng Shui stehen eckige, quadratische Formen für die Erde. Einfamilienhäuser mit einem Stockwerk und einem Flachdach bzw. einem Dach mit sanfter Neigung betonen die kompakte, einfache Form. Wie die Pueblos der Indianer strahlen diese Häuser überall auf der Erde die sichere, erdverbundene Qualität dieses Elements aus. Warme Gelb- bzw. Brauntöne unterstreichen den heimeligen Charakter, den der Vermittler so liebt.

Für ihn haben nicht die Größe des Hauses oder der Wohnung Priorität, sondern Harmonie und Gemütlichkeit. Der Vermittler erreicht dies durch die sichtbare Anbindung an die Vergangenheit. Bilder an der Wand, Fotos von Urahn und Großmama, Geschenke oder Postkarten von Freunden zeugen von dem reichen Beziehungsgeflecht, in dem sich der Vermittler bewegt.

So sammeln sich im Laufe eines Lebens unzählige Dinge an. An Wänden, auf Kaminsimsen, in Schubladen oder an Kühlschranktüren gepinnt werden sie zu Zeugen von Begegnungen, auf die der Vermittler – manchmal mit Wehmut – zurückblickt.

Er fühlt sich zu Hause zwischen Plüschsesseln, alten Teddybären aus der Kindheit oder der Sammlung von alten Magazinen. Inmitten dessen strahlt er die Ruhe eines Museumswärters aus. Massives Mobiliar, alte Vitrinen, Bauernschränke aus dicken Brettern, weiche Teppiche, schwere Vorhänge bestätigen dem Vermittler beständige Verlässlichkeit.

Wenn es nach seinen Wünschen geht, ist die Küche der Mittelpunkt des Zuhauses. Als seine Domäne ist sie dafür gerüstet, dass jederzeit Gäste auftauchen können. Kühlschrank und Vorratskammer sind stets gut gefüllt. Da in der Küche gelebt wird, weist sie niemals den perfekten Glanz einer Werbung für Allzweckreiniger auf. Es kommt ihm auf Gemütlichkeit und Gastlichkeit an.

Das Land ist der ideale Wohnsitz für den Vermittler. Die Stadt mit ihrem hektischen, anonymen Nebeneinander hat für ihn keine Anziehung. Er lernt gern den Lehrer oder die Ärztin im ansässigen Dorfverein kennen, bevor er ihnen seine Kinder anvertraut. Die Überschaubarkeit von kleinen Gemeinden entspricht ihm.

Der Vermittler, dem es in seiner Umgebung an Erde mangelt, kann seine Wohnung oder auch den Arbeitsplatz mit Elementen aus der Erde stärken: Töpfe, Krüge, Schalen, Statuen aus Lehm, Marmor oder Keramik, erdfarbene Wände, Stoffe und Geschirr betonen dieses Element. Nach dem Schöpfungszyklus (siehe Seite 162ff.) beleben auch Feuer-Elemente wie rote Farben, Kerzen, Aromalampen mit süßlichen Düften, Leder und Wolle die Erde.

Wenn in einer Wohnung die Erde zu sehr dominiert, kann man das kontrollierende Element (siehe Kontroll-Zyklus, Seite 166f.) oder nach dem Schöpfungszyklus (Seite 162ff) das Kindelement betonen, um die Umgebung wieder in Harmonie zu bringen. Holz kontrolliert die Erde: Pflanzen, Blumen, Bäume, Holzmöbel, grüne Farben, natürliche Fasern wie Leinen, Seide oder Baumwolle balancieren deshalb ein Übermaß an Erde. Und

Metallgegenstände, blanke Oberflächen oder Weiß, Grau und Silber repräsentieren das (Kind) Element Metall und reduzieren ein Übergewicht an Erde.

Bewegung und Sport

Die Bewegungen des Vermittlers wirken bedächtig. Er bewegt sich, weil er muss, nicht weil er will. Die Schwerkraft der Erde zieht ihn nach unten und lässt seinen Gang möglicherweise schwerfällig und schleppend erscheinen, auf jeden Fall aber immer erdverbunden. Hinzu kommt, dass Vermittler oft auch mit Übergewicht zu kämpfen haben. Ihr Beitrag im Sportgeschehen liegt eher in der Versorgung der Marathonläufer mit Getränken als im eigenen Mitlaufen. Man sollte deshalb von Vermittlern nie sportliche Höchstleistungen erwarten!

Trotzdem und gerade deshalb ist Bewegung und sportliche Betätigung für den Vermittler wichtig, da er zu Stauungen in seinem Qi-Fluss neigt. Durch Stärkung seines Elements Holz kann man nach den Gesetzen des Kontroll-Zyklus (Seite 166f.) das Übergewicht – als Ausdruck der gestauten Erde-Energie – wieder reduzieren. Auch wenn es die Überwindung des inneren Schweinehundes bedeutet, sollte sich der Vermittler zur Gewohnheit machen, seinen Körper einmal am Tag so anzustrengen, dass er ins Schwitzen kommt.

Gemäßigtes Wandern oder Radfahren mit Freunden halten seinen Stoffwechsel in Gang. Weiterhin tun dem Vermittler regelmäßiges Trockenbürsten der Haut,

Lymphdrainagen und Bindegewebsmassagen gut. Besonders die Massagen schätzt der Vermittler als höchsten Luxus: passiv bewegt zu werden, in Kombination mit menschlicher Berührung, genießt er als Vereinigung seiner Grundwerte!

Urlaub

Der Vermittler umgibt sich auch im Urlaub am liebsten mit Bekanntem. Er vermisst nichts, wenn er in seinem Schrebergarten die schönsten Tage des Jahres verbringt. Sollte er sich aber auf Reisen begeben, zieht er es vor, dieselben Plätze zu besuchen, an denen er die Jahre zuvor seinen Urlaub verbracht hat. Dort trifft er all die Freunde – Einheimische wie Touristen –, die es wie er halten. Alte Freundschaften werden aufgefrischt, man erzählt sich die Ereignisse des letzten Jahres und ist zufrieden, dass alles noch so ist, wie es war.

Veränderungen werden argwöhnisch beäugt und meistens kommentiert mit einem: »Früher war alles besser.« Vermittler brauchen keine neuen Reize. Sogar der gewohnte Stau auf der Autobahn bestätigt ihn in seinem Wesen. Man steigt aus, knüpft Kontakte und tauscht Adressen aus, bevor es weitergeht.

Auf Grund ihrer körperlichen Neigung zu Flüssigkeitsstauungen sollten Vermittler möglichst in Ländern mit trockenem Klima Urlaub machen. Abzuraten sind tropische Länder mit täglichen Regengüssen und hoher Luftfeuchtigkeit sowie asiatische Länder in der Monsunzeit.

Seine Fähigkeit zur Anpassung hilft dem Vermittler, in jeder Umgebung leicht zurechtzukommen. Er kann sich stundenlang am Strand aalen und Faulpelz spielen oder im Café sitzen und sich unterhalten.

Damit der Urlaub mit einem neuen Partner gelingt, sollten sich Vermittler vor der Urlaubsplanung fragen, wo sie es bequem haben können, ohne dass ihr Partner auf eventuelle kulturelle oder sportliche Inspiration verzichten muss.

Ernährung

Manchmal verwechselt der Vermittler seinen Hunger nach Kontakt und Gebrauchtwerden mit der Zufuhr von Nahrung: Essen als Ersatzbefriedigung, zu der ein Vermittler schnell greift, wenn er sich auf emotionaler Ebene unbefriedigt fühlt.

Die Aufgabe der Organe, die dem Erde-Element zugeordnet sind, ist Aufnahme, Transport und Umwandlung der Nahrung in unserem Körper. Eine Störung in diesem Bereich äußert sich leicht in schlechter Verdauung wie Verstopfung, zu weichem Stuhlgang oder Blähungen. Hilfreich für den Vermittler sind regelmäßige Essenszeiten, das heißt nach bestimmten Regeln und mäßig.

Verdauungsstörungen entstehen beim Vermittler häufig durch zu viel kalte Nahrungsmittel wie eiskalte Getränke oder Speiseeis. Auch zu viel Rohkost kann er schlecht verdauen. Am besten eignen sich für den Vermittler neutrale Nahrungsmittel, die vorzugsweise gelb oder erdfarben sind wie Kartoffel, Süßkartoffel, Yams, Fenchel, Karotte, Kürbis, Kastanie, sämtliche Körner wie Hirse, Mais, Gerste, Hafer, Weizen, Reis oder Amaranth.

Weiterhin stärken die Erde: Nüsse und Samen wie Pistazien, Walnuss, Pinienkerne, Haselnuss, Kokos, Mandel, Sonnenblumenkerne und Sesam, gleichermaßen Obst wie Aprikosen, Pfirsiche, Rosinen, Korinthen, Süßkirschen, Datteln, Feigen, Pflaumen, Trauben, süße Äpfel, Birnen und Papayas.

Besonders günstige Getränke sind Maishaartee, Malzbier, Süßholztee und – bei zu viel Kälte im Bauch mit den erwähnten Verdauungsstörungen – Fenchel- oder Ingwertee.

Bei Übergewicht kann man das Holz-Element stärken, indem man saure Nahrungsmittel zu sich nimmt wie beispielsweise sauer eingelegte oder milchsauer vergorene Gemüse: Sauerkraut, Kefir oder Brottrunk. Gleichzeitig sollte der Vermittler sein Verlangen nach Süßem auf die natürliche Süße in Früchten verlagern und raffinierten bzw. konzentrierten Zucker vermeiden.

Checkliste: Ist Ihr Element im Gleichgewicht?

Wenn Sie als Vermittler spüren, dass Ihr Element Erde zu stagnieren beginnt oder sich aufzulösen droht, Sie also Anzeichen von Übermaß oder Mangel erkennen, sollten Sie sich mit folgenden Fragen auseinandersetzen:

* Ist meine Partnerschaft der sichere Hafen, den ich mir wünsche?

* Respektiert mein Partner die Treue, Loyalität und Stabilität, die ich ihm als Ausdruck meiner Liebe gebe, und akzeptiert er die Rollenverteilung, mit der ich glücklich bin?

* Harmoniert mein Wunsch nach Familienleben und Kindern mit den Vorstellungen meines Partners?

* Finde ich ausreichende Anerkennung für mein Talent, anderen Menschen zu geben und sie zufrieden und glücklich zu machen?

* Habe ich genug Möglichkeiten und Zeit, meine Freunde, Bekannten und Verwandten zu sehen, zu bewirten und mich mit ihnen auszutauschen?

* Stößt mein Engagement, für gute Stimmung an meinem Arbeitsplatz zu sorgen, auf offene Ohren?

- Habe ich eine Arbeit, die meine Sorge fürs Detail respektiert oder meine Kreativität, Flexibilität und Entscheidungskraft überfordert?

- Habe ich ein Zuhause, in dem ich schalten und walten kann, wie ich es möchte, und strahlt es Sicherheit und Gemütlichkeit aus?

Metall – Der Richter

Das Element Metall

Metall in seiner vielfältigen Form ist Ausdruck des menschlichen Geistes. Als glänzender Schmuck lenkt es begehrliche Blicke auf sich, als Nagel fügt es Bretter zusammen, als Messer besticht es durch seine Schärfe, als leitender Draht leitet es Information und ermöglicht die moderne Kommunikation.

Metall gewinnt erst Bedeutung durch den Verstand des Menschen, der seine Verwendungsmöglichkeiten erkannte. Die Tierwelt kennt Bäume, Erde, Wasser und Feuer – Metall hingegen ist nur ein Potential, das im Verborgenen der Erde schlummert und erst aktualisiert werden muss.

Die Gewinnung und Verarbeitung von Metallen kennzeichnen die Epochen der Menschheitsgeschichte. Nach dem primitiven Steinzeitalter folgten Kupfer-, Bronze- und Eisenzeit. Metallmünzen dienten als Zahlungsmittel und vereinfachten die bis dahin umständlichen Tauschgeschäfte mit Tieren oder Gütern. Gold und Silber stehen seit jeher symbolisch für Reichtum und

Macht. Metalle dienen seit Jahrtausenden als Grundmaterial für Teller, Besteck, Becher, Werkzeuge und Waffen. Der Schmied war ein wichtiger Beruf. Er kannte das Geheimnis des Metalls, seinen spezifischen Schmelzpunkt und vermochte durch seine Kunst aus Erz eine Form zu schaffen, die dem Besitzer zum Wohle, zu Schönheit oder – als Waffe – zur Durchsetzung seiner Interessen diente.

Erz ist eine verdichtete Form der Erde, das sein Wesen aus der Konzentration, der Zusammenziehung der Kräfte und der Materie erreicht. Die Natur braucht Jahrtausende, um über den Vorgang der Verfeinerung aus grober Materie die reine Essenz – das Metall – zu gewinnen. Es ist so konzentriert, dass geringste Mengen ausreichen, um in unserem Körper seine Funktionen zu erfüllen. Wenn auch nur in »Spuren« in unserem Körper vorhanden, so ist es doch immens wichtig für den gesamten Stoffwechsel. Ein Mangel oder ein Übermaß an manchen Spurenelementen kann unsere Gesundheit gefährden.

Auch Kristalle und Edelsteine gehören in diesen Bereich der verdichteten Materie. Die Makellosigkeit von Diamanten oder Gold fasziniert und imponiert seit jeher Jung und Alt, Männer wie Frauen. Diese Symbole für Reinheit und Schönheit schmücken seinen Träger und erhöhen damit seinen Rang in der Gesellschaft.

Metall besticht auch durch seine Festigkeit. Die Ritterrüstung schützt vor dem Schwert des Feindes, die Metallkonstruktion gibt dem Wolkenkratzer Stütze, der Metallreifen um das Weinfass bürgt für Haltbarkeit.

Im Herbst reduziert sich die Natur und konzentriert

sich auf das Wesentliche: das Überleben. Der Höhepunkt des Sommers, des »großen Yang« ist überschritten, auch die goldene Reife des Elements Erde mit seiner Fülle geht zur Neige. Die Bäume werfen ihre Blätter ab und ziehen ihre Säfte aus den Ästen in die Wurzeln zurück. Zusammen mit dem Fallobst verkompostiert das Laub, um im nächsten Jahr mit seinen Mineralien und Spurenelementen die neue Generation zu nähren.

Das äußere Erscheinungsbild der farbenfrohen Natur weicht der ernsthaften Aufgabe, das Überleben im Winter vorzubereiten. Manche Tiere rüsten sich für den Winterschlaf und suchen eine dunkle Höhle. Sie verlangsamen ihren Stoffwechsel auf das Notwendige und ziehen sich zurück. Melancholie und Trauer prägen die Grundstimmung dieser Jahreszeit und hängen wie Abendnebel in der Luft. Es heißt Abschied nehmen von der Lebendigkeit, vom wilden Treiben des Sommers und hinterlässt in uns ein Gefühl von Verlust. Die Leichtigkeit des Spätsommers mit seiner Fülle, die Sinnlichkeit des großen Yang, muss sich der Entsagung des Herbstes beugen.

Der Überlebenskampf schien im Sommer vergessen, jetzt drängt er wieder mit Macht ins Bewusstsein, und wir stimmen uns ein auf die kalte Jahreszeit: Leichte, bunt-fröhliche Sommerkleidung weicht wärmeren Mänteln und Jacken in nüchternen Grautönen. Wie eine Rüstung schützen sie vor den Unbilden des Herbstes. Es ist die Zeit der Rückbesinnung auf das vergangene Jahr. Jetzt wird Gericht gehalten, und jeder muss kritisch prüfen, ob er genug vorgesorgt hat, um den Winter zu überleben. Sind meine Kornkammern voll? Ist das Haus geschützt? Welches Verhalten hat mir genützt? Welche Fehler habe ich gemacht? Wie diszipliniert muss ich mit dem haushalten, was ich besitze? Muss ich asketisch den Gürtel enger schnallen? Was ist richtig, was ist falsch?

Der Persönlichkeitstyp: Richter

Verfeinerung und Konzentration auf das Wesentliche bestimmen die Handlungen des Richters. Ähnlich wie beim Abenteurer (siehe Seite 27ff.) ist die Umwandlung das prägende Prinzip. Den Abenteurer reizt das Potential, das er im schlummernden Zustand des Yin sieht, er will es zur Blüte des Yang bringen. Der Richter jedoch sieht in der Frucht (als Endprodukt des Yang) wieder nur den Träger des Samens – das Yin. Somit schlägt der Richter die gegenteilige Entwicklung des Abenteurers ein. Der Expansion des Holzes läuft das Zusammenziehen des Elements Metall entgegen. Für den Richter bestimmen nicht Leidenschaft und große Gefühle den Gehalt der Dinge, sondern ihm geht es um Form und Funktion. Auch ein Richter im Prozess lässt sich nicht von den Plädoyers blenden, sondern reduziert die Verhandlung auf die Feststellung von Tatsachen und die gewissenhafte Prüfung aller Fakten. Seine

Stärke liegt darin, zwischen Richtig und Falsch unterscheiden zu können.

Diese Fähigkeit ist für die Existenz des Menschen lebenserhaltend. Welche Pflanzen sind giftig oder heilsam? Welche Gesten zeigen mir freundliche oder feindliche Absichten? Insbesondere der Geruchssinn, der beim Richter stark ausgeprägt ist, half in den Urzeiten der Menschheit zu differenzieren zwischen lebenserhaltenden und lebensfeindlichen Umständen. Er witterte Schnee und Rauch, den vertrauten Geruch der Sippenmitglieder oder aber den Angstschweiß der Feinde und ordnete sie in sein geradliniges Denkschema ein. Auch heute noch kann die richtige Einschätzung des Richters in gefährlichen Situationen lebensrettend sein. Ohne sich von Emotionen leiten zu lassen und mit klarem Sinn für das Essentielle beeinflusst die Wesenskraft dieses Elements zum Beispiel Feuerwehrmänner oder Notärzte bei ihrer Arbeit.

Der Richter lebt in genauen Vorstellungen von Ordnung, moralischen und ästhetischen Prinzipien. Sowie das Metall aus der Konzentration der Erde hervorgeht, so greift der Richter das Traditionsbewusstsein des Vermittlers auf (siehe Seite 75ff.) und reduziert es auf Rituale und Zeremonien, Gesetze und klare Definitionen von Gut und Böse.

Er selbst schwingt sich mit eiserner Disziplin zur Meisterschaft in seinem gewählten Umfeld auf: In der Schule ist er der strenge Lehrer, der seine Schüler zu hohen Leistungen inspiriert, in einem Kloster für Zen-Buddhismus lebt er als distanzierter Mönch. Er fungiert als Held vieler Geschichten, der mit Zivilcourage für seine Ideale einsteht. Stets ist er anderen ein Vorbild, indem er seine Ansprüche an sich selbst noch gnadenloser stellt als an seine Umgebung. Wie selbstverständlich erwartet er aber auch, dass jeder seinen Teil der Arbeit übernimmt, damit die erstrebten Ziele erreicht werden.

Alles, was die gegebene Ordnung durcheinander bringt, antiautoritäre Erziehung, Aufsässigkeit, Trotz und Egoismus treffen auf erbitterten Widerstand des Richters. Er ist ein Verfechter von etablierten Verfahren, von Sittenkodex und Tugend – von allem, was sich bisher bewährt hat. Er strebt nach der Perfektion, den Idealen der Menschheit oder der Ästhetik der schönen Künste. Symmetrie, klare Formen und Sparsamkeit der Mittel prägen seine Wertmaßstäbe für Kultur.

Schon äußerlich erkennt man den Richter an seinem Sinn für die Kombination von Ästhetik und Funktionalität. Gepflegt, untadelig und wie aus dem Ei gepellt bewegt er sich durch die Welt. Er wählt seine Kleidung für jede Situation sorgfältig aus, nicht um aufzufallen wie der Magier, sondern um dem Anlass gerecht zu werden. Sauber, gut riechend und dezent zollt er dem Leben und der Schönheit Respekt. Seine innere Ordnung, mit der er instinktiv weiß, was sich gehört, zeigt sich also auch in seiner äußeren Erscheinung.

Er ist sich immer im Klaren darüber, wo sich sein Taschentuch, sein Kugelschreiber und sein obligatorisches Notizbuch befinden. Seine Umgebung, sein Schreibtisch sind ausgedehnte Bereiche seines Charakters und somit immer tadellos aufgeräumt.

Analytisches Denken und die Fähigkeit, Zusammenhänge logisch zu erkennen, geben dem Richter die Möglichkeit, Geräte auseinander zu nehmen, Fehler zu erkennen und sie wieder exakt zusammenzubauen. Als Heimwerker ist er unübertroffen, und es schafft ihm stille Genugtuung, Maschinen, Küchengeräte oder Oldtimer wieder funktionsfähig zu machen. Ein Uhrwerk, das in feiner Präzision gut geputzt und geölt tickt, befriedigt ihn zutiefst.

Der Richter ist ein Organisationstalent. Methodisch und gewissenhaft prüft er Umstände, Prognosen und Ziele, sammelt Daten über das Projekt und die Mitwirkenden. Schließlich stellt er einen genauen Zeitplan über den Ablauf zusammen, damit die Hochzeit, das Unternehmen oder der Urlaub reibungslos verlaufen können. Als Autofahrer weiß er immer den kürzesten Weg, um Zeit oder Treibstoff zu sparen. Auch wenn sein Einsatz berechnend und leidenschaftslos ist, so überzeugt er seine Mitstreiter oder Freunde doch durch seine kühle Vernunft. Er schafft sich Distanz, um die Lage sachlicher beurteilen zu können, als es ihm unter emotionalen Verwicklungen möglich wäre. Dabei ist er nicht von seiner Gefühlswelt abgeschnitten, aber er scheut es, sich von ihr bestimmen zu lassen. Gerade seine ausgeprägte Sensibilität für innere Welten lässt ihn vorsichtig damit umgehen.

In der chinesischen Medizin wird die Haut dem Element Metall zugeordnet. Es ist das Organ, das als äußerste materielle Schicht unseres Körpers in ständigem Kontakt mit der Außenwelt steht, gleichzeitig jedoch tiefere innere Vorgänge abschirmen kann. Unter der metallenen Rüstung des Richters schwingt eine verletzliche Seele, die er nur einem auserwählten Freundeskreis offenbart.

Die Bewegung des »kleinen Yin« – wie das Metall auch genannt wird – ist nach innen gerichtet. Ebenso ist der Richter introvertiert und hat regen Kontakt mit seinem Wesenskern. Schon früh entwickelt er Interesse und Bewusstsein für Vorgänge in seiner Psyche und lernt recht bald zwischen seinen eigenen und fremden Ideen, Konzepten und Gefühlen zu unterscheiden. Seine Unnahbarkeit ist ein Schutz für seine Innenwelt, und seine Distanziertheit dient vorzüglich seinem Talent, die Welt mit Abstand und klarem Bewusstsein wahrzunehmen. In seiner Familie taut der Richter auf, denn sie ist sein Fleisch und Blut, und sein Schutzpanzer wird abgelegt. Die Familienmitglieder haben Zugang zu seinem Wesen, er lässt sie an sich heran. Seine Vorliebe für klare Absprachen und faires Verhalten geben ihm Zeit sowohl für jedes seiner Kinder als auch für den Lebenspartner, so dass niemand zu kurz kommt. Hinzu kommt, dass er mit Hilfe eines genauen Zeitplans Arbeit und Freizeit trennt.

Seine klaren Urteile über korrektes Verhalten wirken sich natürlich auch auf seine Familie aus. Selbst hier zieht er Übereinstimmung dem Konflikt bzw. Selbstbeherrschung der Aufregung vor. Vor allem aber will der Richter die Kontrolle behalten. Um sich richtig wohl zu fühlen, verschafft er sich einen Überblick und ist stets über alle Handlungen seiner Familienmitglieder im Bilde.

Wenn der Richter die Balance verliert

Des Richters Vorliebe für Ordnung, Disziplin und Struktur kann sich im Konfliktfall zu Rigidität und Perfektionismus kristallisieren. Wird die Rüstung, die eigentlich sein Inneres schützen soll, zu starr, schnürt sie ihm möglicherweise den lebenspendenden Atem ab. Das enge Korsett lässt ihn nun roboterhaft erscheinen, seine Flexibilität leidet. Er fühlt sich in seiner Existenz bedroht, was ihn umso mehr nach den bewährten und erfolgreichen Regeln der Vergangenheit rufen lässt. Aus mangelndem Vertrauen in die eigene Stärke – seine Fähigkeit zu urteilen – greift der Richter immer wieder auf erprobte Methoden, Maßstäbe und Definitionen zurück und erhebt sie zu den einzig gültigen. In seiner Vorstellung ist dies der ausschließliche Weg zur Konfliktbewältigung. Doch nicht alle Probleme lassen sich auf diese Weise lösen.

Andersdenkende bestraft er mit einem vernichtenden Blick, mit Verboten oder auch mit dem erhobenen Zeigefinger. Jeder Gewinn und jeder Verlust wird nur danach beurteilt, wie gut diese Handlungen den Prinzipien und Vorstellungen des Richters entsprechen.

Erfahrungsgewinn aus Fehlern – wie ihn zum Beispiel der Abenteurer macht – zählt für ihn nicht. Damit raubt er jedoch nicht nur sich, sondern auch seinen Mitmenschen das große Potential des Lernens und der Evolution durch Versuch und Irrtum. Sein Drang nach Kontrolle ist der uralte Kampf der Vernunft mit der unvorhersehbaren Kraft der Gefühle und Instinkte – und damit mit den Wurzeln unseres Seins.

Wie gern würde er sich die Welt untertan machen, wie es schon in der Bibel steht. Und gerade dann, wenn ihm die Feder aus der Hand genommen wird, wenn ihm die Kontrolle entgleitet, kämpft der Richter als Paragraphenritter den verzweifelten Kampf für Recht und Gerechtigkeit. Kämpft der Abenteurer aus dem Bauch heraus für seine Eroberung, so setzt sich der Richter mit unnachgiebiger Strenge für die Gerechtigkeit ein. Die Ausstrahlung des kühlen Rechners verknöchert dann leicht zum Bild des besserwissenden Perfektionisten. Niemand erreicht seine Standards, niemand kann es ihm recht machen. Emotionen fallen durch seine Wertskala, da sie zu unberechenbar sind. Der Richter mag sie weder zeigen noch mit ihnen konfrontiert werden. Er verdrängt sie zu Gunsten der kalten Ratio.

Das kann dazu führen, dass er sich nicht mehr mitteilen mag, um sich keine Blöße zu geben. Beraubt seines Lebenssaftes, verwelkt der Richter innerlich wie äußerlich. Seine Haut und Schleimhäute trocknen aus, er wird anfällig für Atemwegserkrankungen und sein Körperbau dünn und knochig.

Um überflüssigen Ballast abzuwerfen, beschränkt sich der aus der Balance gekommene Richter auf das Wesentliche. Sparsam setzt er Bewegung und Mimik ein. Wenn er diese Charakterzüge in unsicheren Momenten verstärkt, wirkt er schnell wie ein preußischer Offizier: steif, unnahbar, autoritär. Seine Ehrenhaftigkeit weicht selbstgerechtem Auftreten, seine Gewissenhaftigkeit macht einem kleinlichen Wesen Platz. Wie unter Zwang versucht er dann alles und jeden zu kontrollieren, nicht zuletzt auch sich selbst. Einem Roboter ähnlich unterdrückt er jegliche Art von lebendigem Ausdruck: Sein Qi fließt nicht mehr natürlich und damit bricht der lebensnotwendige Austausch mit seiner Umgebung ab. Das Geben und Nehmen zeigt sich zum Beispiel an der Atmung, die nach der chinesischen Medizin dem Metall zugeordnet ist. Der Richter in seinem Ungleichgewicht atmet flach und angestrengt. Er kann seinen Atem nicht loslassen und fließen lassen. Wenn das aus der Atmung gewonnene Qi fehlt, verkehren sich die Qualitäten des Richters in sein Gegenteil: Seine Ordnung, Standards und Moral wird nur noch als Fassade aufrechterhalten. Wohn- und Arbeitsplatz leiden unter Unordnung, der Schreibtisch bleibt unaufgeräumt, sogar seine Kleidung verliert ihre Makellosigkeit.

Selbstzweifel nagen an der früheren Klarheit und können zu Verwirrung der Gedanken führen. Kontrolle und Übersicht kostet ihn in diesem Zustand zu viel Kraft und geht verloren. Nicht selten überwältigt ihn die Stimmung von Resignation und Weltuntergangsschmerz und lässt ihn mit hängenden Schultern zurück. Um seine erhabene Haltung mit stolzer Brust wieder zu erlangen, muss sich der Richter wieder auf seine Stärken besinnen: Disziplin und Einsicht in die Notwendigkeit der Verbindung zum Leben, zum Atmen, zu Freunden.

Wesentliche Charakterzüge im Überblick

Ist der Richter energetisch im Gleichgewicht und ganz in seinem Element, erlebt man sein Verhalten als angemessen, rund und natürlich. Äußere wie innere Einwirkungen können diesen Energiefluss jedoch verlangsamen und stagnieren lassen. Blockiertes Qi sammelt sich an: Handlungen und Reaktionen wirken aufgebläht, unverhältnismäßig und übertrieben.

Auch ein Zuwenig an Qi kann entstehen, wenn man von der Quelle der Kraft abgeschnitten ist. Jetzt wirkt das Verhalten mühevoll und wie künstlich aufrechterhalten. Manche Ausdrucksformen, die nicht dem Persönlichkeitstypen entsprechen, ergeben sich außerdem aus der Verbindung zu den anderen Elementen im Kontrollzyklus oder Schöpfungszyklus (siehe Seiten 162f. und 166ff.).

Der Richter im ausgeglichenen Qi-Zustand

diszipliniert, beherrscht, ordentlich, zurückhaltend, ruhig, gefasst, gelassen, klar, präzise, exakt, gründlich, korrekt, methodisch, systematisch, konsequent, urteilsfähig, kritisch, intellektuell, wissenschaftlich, überlegt, unromantisch, ästhetisch, einfach, rein, formell, linientreu, gesittet, tadellos, standhaft

Verhalten bei Übermaß an Metall-Qi

arrogant, abwertend, abfällig, sarkastisch, zynisch, selbstgerecht, dogmatisch, strikt, rigide, gleichgültig, stoisch, hart, streng, steif, rituell, übertrieben kritisch, kontrollierend, spartanisch, bürokratisch, unbelehrbar, perfektionistisch, rechthaberisch, besserwisserisch

Verhalten bei Mangel an Metall-Qi

kleinlich, pedantisch, kleinkariert, ausweichend, nachgiebig, resigniert, schlampig, unterwürfig, kriecherisch, formlos, unsicher, scheu, verklemmt, bekümmert, melancholisch, geknickt, zerknittert, betrübt zweifelnd, argwöhnisch, kleingläubig, hoffnungslos

Typische Herausforderungen im Leben des Richters

- In seinem Streben nach perfekter Form fühlt sich der Richter angezogen von der Schönheit und Ästhetik. Klassisches Design in Kunst und Kultur bestärken ihn auf seiner Suche nach dem Ausdruck der Vollendung. Gleichzeitig fordert ihn sein rationales Denken auf, in allem die Funktion und den Nutzen zu sehen. Er wird gelenkt von der Energie des Metalls, in der ein Diamant einen Ring veredelt oder sich als Bohraufsatz durch die Erdkruste bohrt.

  Oft entscheidet sich der Richter für die Funktion und den Nutzen und verleugnet sein Streben nach Schönheit. Er sollte jedoch erkennen, dass beides seinem Wesen entspricht. Sein Traum von der Perfektion und deren Anerkennung im alltäglichen Leben ist sein Zugang zur emotionalen Seite dieser Welt. Das Opfern der Schönheit auf dem Altar der Nützlichkeit beraubt ihn dagegen der Kraft, die sein eigenes Leben und das seiner Mitmenschen bereichern kann.

- Der Richter hat genug Distanz, um Fakten vorurteilsfrei zu bewerten und dann zu entscheiden, was gut und richtig ist. Diese Fähigkeit begleitet ihn ständig, sozusagen als 7. Sinn, durch sein Leben. Es ist die Basis für seine Zivilcourage und eine verlässliche Stütze seines Wertsystems.

  Da der Richter aber auch Sicherheit des Bestehenden liebt und sucht, steht er immer wieder im Konflikt zwischen dem Eintreten für Gerechtigkeit nach seinem Sitten- und Ehrenkodex und dem Aufrechterhalten von Ordnung – und damit Sicherheit und Schutz für sich und seinesgleichen. Der Richter muss lernen, sich zur richtigen Zeit für das Richtige zu entscheiden und auch mal dem Lauf des Lebens zu vertrauen, welches das Gute als Ausgleich für das Schlechte schon in der Hinterhand hält. Hier kann ihm das Symbol von Yin und Yang helfen, wo das eine im anderen enthalten ist und nur darauf wartet, sein Potential zu entfalten.

Der Richter Helmut

Helmut ist ein hochgewachsener junger Ingenieur, Mitte Dreißig, der sich darauf spezialisiert hat, in Krankenhäusern Apparate für Blutwäsche instand zu halten. Er arbeitet unabhängig und selbständig, muss aber immer zuverlässig auf Abruf bereit stehen, da die lebensrettenden Maschinen fast rund um die Uhr laufen müssen. Bei Ausfällen arbeitet er auch bis in die Nacht hinein, damit alles im Krankenhaus seinen gewohnten Gang nehmen kann.

Für Helmut ist dies kein Problem, da er seine Prioritäten klar abgesteckt hat: Für die Arbeit steht alles andere erst an zweiter Stelle. »Ich gehe immer sehr methodisch vor, prüfe exakt alle Funktionen und möglichen Fehlerquellen und freue mich wie bei einem Kreuzworträtsel, das ich gelöst habe. Die Maschinen haben keine Launen oder Gefühle. Sie brauchen einfach nur das richtige Ersatzteil oder eine gründliche Reinigung, um wieder zu funktionieren.« Er spricht mit leiser Stimme über seinen Beruf, Fragen über sein Innenleben weicht er lieber aus.

Helmut bewundert zwar Menschen, die mit großer Begeisterung Karriere machen, mag aber selbst nicht solch einen Kraftaufwand treiben und ist auch – wie er sagt – »nicht der Typ dazu«. Lieber verbringt er die Abende mit Lesen oder am PC, wo er sich in die Welt des Internets begibt. Vor ein paar Jahren begann er sich für den Buddhismus zu interessieren und verbringt seither manche Abende in einem Meditationshaus. Dort genießt er die Stille und »dass niemand etwas von mir will«.

Wie der Richter gesund, stark und ausgeglichen bleibt

Partnerschaft

Der Richter ordnet Beziehungen und Partnerschaften als zwangsläufigen Teil des Lebensspiels ein. Für ihn sind Ehen gute und wertvolle Funktionseinheiten, die für eine Vielfalt von Aufgaben die beste Lösung sind: Fortpflanzung, Erziehung, Kranken-, Unfall- und Pflegeversicherung, emotionaler Ausgleich, soziale Anerkennung und Unterstützung zu spirituellem Wachstum und Reife.

Diese Vorteile überwiegen die Auseinandersetzungen und Konflikte, die Beziehungen mit sich bringen. Die Treue des Richters entspricht seinem moralischen Anspruch. Er liebt es, am Anfang einer Beziehung Rechte und Pflichten, Verhaltensweisen und bestimmte Eventualitäten mit allen »Wenn und Aber« zu erörtern und dann Lösungen festzulegen. Ein Ehevertrag ist in seinem Sinne. Seinem Wunsch nach Meisterschaft folgend setzt er sich für die Beziehung ein, liest Bücher über »die perfekte Ehe« und diskutiert darüber. Eine typische Therapierichtung, die seiner Idee eines geregelten Weltbilds entspricht, ist die systemische Familientherapie nach B. Hellinger. Bezeichnenderweise heißt dort eines der Bücher: »Ordnungen der Liebe«.

Der Richter ist ein sehr verlässlicher Partner. Er hält sich an Absprachen und Entscheidungen und erwartet das selbstverständlich auch vom Partner. Da die Energie des Richters nach innen gerichtet ist, wirkt er oft kühl und unnahbar. Partner, die diese Wesensart und den Wunsch des Richters nach Distanz nicht respektieren und fälschlicherweise als Mangel an Liebe interpretieren, haben eine harte Zeit mit ihm. Drängeln oder Versuche, in sein Inneres einzudringen, ziehen unweigerlich die Bekanntschaft mit dem harten Metall nach sich, sei es (bildlich gesprochen) als Rüstung oder als Schwert, als Abwehr oder schneidende Schärfe.

Regeln, Ordnung, Sicherheit und Systematik schaffen das Gerüst für das Zelt des Lebens, in dem der Richter wohnen will. Wenn diese Grundstruktur fehlt, fühlt er sich erdrückt und bewegungsunfähig. Wer mit einem Richter lebt, sollte seine Sprache verstehen lernen: Zurückhaltung heißt Respekt, dem anderen Raum geben bedeutet, ihn zu lieben. Mit korrektem Verhalten ehrt er den Partner.

Für den Richter ist die körperliche Liebe ein fast heiliger Akt. Wenn er einmal den perfekten Genuss erlebt hat, folgt er diesen Maßstäben im möglichst gleichen Ritual. Die Vertrautheit der Routine gibt ihm die Sicherheit, sich gehen lassen zu können.

Kindheit

Kinder, die von der Metall-Energie des Richters geprägt sind, wollen hinter allem die Logik eines Systems begreifen. Die vielen Fragen, die ein Metall-Kind stellt, dienen dazu, sich selbst zu entdecken und zu definieren bzw. durch Abgrenzung die eigene Form und Haltung zu finden.

Richter-Kinder haben ein großes Bedürfnis danach, dass in ihrem Umfeld Konflikte, Stimmungen und Gedanken ausgesprochen und geregelt werden. In ihrem Weltbild setzen sie Worte mit Realität gleich und erwarten von ihrer Umgebung, dass sie sich an das Gesagte halten. Gleichwohl spüren sie hochsensibel, wenn ungeklärte Spannungen in der Familie bestehen und die sichere Ordnung gefährden.

Familien, deren täglicher Ablauf geplant und strukturiert ist, entsprechen dem Bedürfnis des Metall-Kindes. Klare Rollenverteilung, Absprachen der Familienmitglieder über Aufgaben im Familienverbund geben dem Kind genug Sicherheit. Es fühlt sich eingebettet in Ordnung und kann entspannen.

Metall-Kinder haben ein feines Gespür für Gerechtigkeit und Fairness. Sie kennen nicht nur angelernte moralische Unterscheidungen von Gut und Böse, sondern sind auch mit einem Gewissen ausgestattet, das unerschütterlich weiß, was richtig ist.

Seine Suche nach dem perfekten System kann man schon im Kinderzimmer erkennen. Metall-Kinder lieben all jenes Spielzeug, bei dem sie mit Intelligenz und Scharfsinn den besten Weg, den effektivsten Schachzug austüfteln oder mit dem minimalsten Kraftaufwand zum Ziel gelangen. Baukästen, Strategie- oder Geschicklichkeitsspiele, die hohe Konzentration und Disziplin verlangen, sind ein stets willkommenes Geschenk.

Beruf

Der Richter fühlt sich in der Arbeit immer dann in seinem Element, wenn er mit klaren Anweisungen seiner Beschäftigung nachgehen kann. Menschlicher Kontakt wird hierbei auf das Notwendige beschränkt, denn Menschen machen Fehler und können die Ordnung stören. Der Richter arbeitet bevorzugt allein, ob am Computer oder am Schreibtisch.

Vom Yin geprägt, ist er mit der Materie beschäftigt und nicht mit Ideen und Phantasien. Er ordnet und schlüsselt auf, was die zwei Yang-Typen – der Abenteurer und der Magier – geschaffen haben. Bevor die Schneise, die der Abenteurer in den Urwald geschlagen hat, verwildert, asphaltiert der Richter den Weg und setzt den Mittelstreifen. Er beginnt zu arbeiten, wenn der Magier kraft seines Charismas die Vision geschaffen und Energien mobilisiert hat.

Mit seiner kühlen Vernunft setzt er alles an den richtigen Platz. Überflüssige Dinge werden aussortiert und durch Rationalisierungsmaßnahmen Kräfte und Ressourcen gespart. Jedes neue Produkt muss samt eines Strategieplans in den Markt eingebunden werden, Kalkulationen berechnen den Preis und das Risiko. Hier liegt das Arbeitsfeld des Richters. Seiner Präzision verdanken viele Unternehmen ihren Erfolg.

Das Zuhause

Zuordnungen nach den Regeln des Feng Shui	
Farbe	Weiß, Grau, Silber
Richtung	nach innen
Räume	mittelhoch
Form	rund, gebogen, kuppelförmig
Wohnort	Land oder Stadt
Materialien	alle Metalle, Spiegel

Klarheit, Einfachheit und Ordnung bestimmen das Zuhause des Richters. Alles Überflüssige nimmt ihm die Luft zum Atmen. Er reduziert die Inneneinrichtung gern auf das Notwendige. Der spartanische, fast geometrische Zen-Stil in japanischen Häusern entspricht ganz seinem Wesen. Sein Sinn für Schönheit und Ästhetik prägen die Wohnräume und lassen sie wie ein Juwel erscheinen. Einzelne, ausgesuchte Kunstgegenstände unterstreichen den oft meditativen Flair. Der hervorstechende Farbton ist das Weiß als Ausdruck von Reinheit und Lauterkeit.

Gleichwohl kann der Richter seine Bedürfnisse nach äußerlichem Besitz stark einschränken, wenn es die Situation erfordert. Dann genügen ihm schon Mindestanforderungen um zufrieden zu leben. Trotz einfacher Mittel strahlt sein Zuhause das Besondere aus.

Der Richter bewahrt seine Systematik, jedes Möbelstück muss am richtigen Platz stehen, so dass er sich auch im Dunkeln zurechtfindet. Dies entspricht seinem Sinn nach Sicherheit und Übersichtlichkeit. Die gleich bleibende Beständigkeit verleiht ihm die Sicherheit, dass die Dinge auch in Zukunft so sein werden, wie sie jetzt sind.

Richter bevorzugen einen ruhigen Platz mit genügend Abstand zum Nachbarn. Sie brauchen die Rückzugsmöglichkeit und Privatsphäre, auch in der eigenen Familie. Zumindest ein Zimmer sollte ihnen allein gehören, wo sie sich mit ihren Büchern vergraben können.

Wenn es dem Richter in seiner Wohnung oder an seinem Arbeitsplatz an Metall-Qi mangelt, kann er es stärken, indem er Ordnung schafft und ästhetische Gegenstände oder Möbel aus Metall aufstellt. Auch Erdmaterialien wie Töpfe, Schalen aus Stein oder Ton stärken nach dem Schöpfungszyklus (siehe Seite 162ff.) das Metall-Element.

Ein Überschuss an Metall wird durch Materialien des Wasser-Elements ausgeglichen: Zimmerbrunnen, ein Wasserspender oder Glas in verschiedenen Formen. Auch das Feuer-Element reduziert nach dem Kontrollzyklus (siehe Seite 166f.) das Metall-Qi: Kerzen, Räucherstäbchen oder Weihrauch, ein offener Kamin und alles, was Wärme und Licht erzeugt oder reflektiert.

Bewegung und Sport

Der Richter neigt zu Sportarten, die er allein ausführen kann: Leichtathletik, Schwimmen, Geräteturnen, Bogenschießen. Alle diese Sportarten erfordern hohe Trainingsdisziplin, Perfektion der Bewegungsabläufe und Eigenmotivation. Aber auch beim einfachen Fitness wählt der Richter lieber den Einzelsport: Joggen, Radfahren oder Langlaufski.

Seine Herausforderung ist nicht das Neue, sondern die Ausdauer, die Überwindung des »inneren Schweinehundes«. Er kämpft nicht wie der Abenteurer mit einem Rivalen um den Sieg, sondern er misst seine Leistung an den Maßstäben seiner eigenen hoch gesteckten Ziele.

Der Richter neigt zu Trockenheit in den Gelenken, zu Verkürzung von Sehnen und damit zur Versteifung. Er braucht viel Wärme, um sich geschmeidig zu halten. Da er sein Qi nach innen gezogen hat, liegt es unterhalb der Hautoberfläche. Die Haut ist kühl und trocken, er schwitzt nur langsam. Die Stärkung des Feuer-Elements gleicht nach dem Kontrollzyklus (siehe Seite 166f.) die zusammenziehende Richtung des Metalls aus. Richter, die sich sportlich betätigen, sollten deshalb viel Wert auf genügendes Aufwärmen, auf Dehnung der Muskeln und Sehnen legen. Ebenso wichtig ist es, sich warm genug anzuziehen, um die Gelenke zu schonen.

Als Regel gilt für den Richter, dass er mindestens einmal am Tag seinen Körper so anstrengen sollte, dass er schwitzt. Richter reagieren wunderbar auf eine alte Heilanwendung: die trockene Bürstenmassage. Sie wird täglich 10 Minuten angewandt, indem man den ganzen Körper von den Füßen und Händen zum Herzen hin bürstet. Damit regt man nicht nur die Haut und ihre Durchblutung an, sondern erreicht über Reflexzonen auch die inneren Organe. Im Grunde reagieren die Richter auf jede Form von Massage gut, denn sie sind ein klar abgegrenzter, menschlicher Kontakt, der die Blutzirkulation fördert.

Darüber hinaus kommt der achtsamen Atmung gerade auch bei Richtern eine besondere Bedeutung zu. Denn die Lunge und ihre Atemkapazität ist nach der chinesischen Medizin eine Funktion des Metalls. Die Kontrolle des Atems spielt in vielen östlichen spirituellen Traditionen eine wichtige Rolle: Die Beobachtung des Atems, sein regelmäßiges Kommen und Gehen wirken beruhigend auf die Psyche. Bei sportlichen Betätigungen sollte sich der Richter stets auf einen konstanten Atemrhythmus konzentrieren. Er vermag ihn durch alle Phasen der Anstrengung zu tragen.

Urlaub

Richter folgen nicht gern dem Trend des Massentourismus. Sie ziehen die meditative Beschaulichkeit eines südländischen Bergdorfes dem regen Treiben der Mittelmeerküsten vor. Durch Beobachten anderer Völker, deren Lebensweise und sozialen Ordnung fühlt sich der Richter in seiner Andersartigkeit bestätigt und definiert. Gleichzeitig findet aber gerade dadurch eine

Verbindung mit Respekt für andere Sitten und Gebräuche statt.

Richter entdecken gern die Unterschiede zu anderen Kulturen, vergleichen Preise, Qualität, Sprache und Kultur. Auch im Urlaub wollen sie ihr Wissen erweitern und die Schönheit unserer Welt kennen lernen. Sie bereiten ihre Reisen gut vor, indem sie Reiseführer lesen, Freunde befragen oder sogar die Sprache lernen. Reiserouten werden minutiös geplant, Ausrüstung und Medikamente besorgt. Sie wollen nicht erobern wie das Element Holz, sondern besuchen, lernen und definieren.

Wenn Richter mit ihrer Familie fahren, sollten sie sich einen Platz aussuchen, an dem sie sich auch zurückziehen können. Ständiger Trubel lässt sie ihren einzigen Zufluchtsort – ihre Innenwelt – aufsuchen, und über kurz oder lang sind sie dann nicht mehr ansprechbar. Sonne und Wärme weicht das Metall auf, so dass sich ihre Distanziertheit verringert. Wer als Richter den sozialen Kontakt vermisst, ist daher gut beraten, in einem warmen Land mit viel Sonne seinen Urlaub zu verbringen.

Ernährung

Da der Richter seine Wärme und Körperflüssigkeiten, wie erwähnt, in sein Inneres zurückzieht, fehlen sie ihm an der Oberfläche. Dementsprechend neigt er zu blasser, kühler und trockener Haut und trockenen Schleimhäuten. Trockenheit kann auch seine Gelenke und seinen Dickdarm beeinflussen und äußert sich in knirschenden Gelenken, Steifheit sowie trockenem Stuhlgang.

Nach der chinesischen Ernährungslehre gehört der scharfe Geschmack zum Element Metall. Er bewegt das Qi von innen nach außen und oben. Gleichzeitig löst es die Stagnation auf, die durch die hemmende Funktion des Metalls entstanden ist.

Der Richter sollte seine Nahrung vermehrt mit scharfen, wärmenden Kräutern zubereiten: Basilikum, Dill, Gelbwurz, Ingwer, Kardamon, Knoblauch, Koriander, Kümmel, Liebstöckel, Lorbeer, Majoran, Marsala, Meerrettich, Schnittlauch, Senf. Im Winter und bei zu viel Kälte bieten sich auch die heißen, scharfen Gewürze an: Cayennepfeffer, Chili, Curry, Muskat, Nelke, Pfeffer, Piment, Sternanis, Tabasco.

Zu den wärmenden und scharfen Nahrungsmitteln gehören Hafer, jede Art von Zwiebeln und Lauch, alle Arten von Wild und als Geflügel: Fasan, Rebhuhn, Wachtel, Gans, Pute. Als wärmende Getränke gelten Yogitee und Reiswein.

Wenn Trockenheit und Hitzeerscheinungen vorherrschen, empfiehlt sich Pfefferminztee, Kresse, Kohlrabi, Rettich und Radieschen. Sie unterstützen die Ausscheidung von Stoffwechselgiften. Bei Trockenheit hilft es, vermehrt Nahrungsmittel mit süßem Geschmack aufzunehmen, wie sie unter dem Element Erde (siehe Seite 73) genannt sind.

Checkliste:
Ist Ihr Element im Gleichgewicht?

Wenn Sie als Richter erleben, dass Ihr Element Metall im Übermaß oder im Mangel ist und Sie Anzeichen eines Ungleichgewichts erkennen, sollten Sie sich mit folgenden Fragen auseinandersetzen:

- Herrscht in meiner Partnerschaft und in meinen anderen Beziehungen Klarheit, und gibt es genug Aussprachen, so dass ich weiß, woran ich bin?

- Stimme ich mit meinem Partner über Grundsätze in der Familienplanung und Erziehung sowie in meinen Lebenszielen überein?

- Fühle ich mich in meiner Familie zu sehr bedrängt? Habe ich genügend Rückzugsmöglichkeiten?

- Versteht mein Partner meine Distanz, meinen Wunsch nach Ordnung und Kontrolle als Teil meiner Weltanschauung, oder erlebt er es als persönliche Verletzung?

- Besteht in der Partnerschaft genug Raum für inneres Wachstum, für philosophische Gespräche und Meditation?

- Wird die Genauigkeit und Gewissenhaftigkeit in meiner Arbeit anerkannt? Wird mein Talent zu präziser Planung als wichtiger Teil von Projekten unterstützt und gewürdigt?

- Entspricht meine Wohnung meinem Standard von Sauberkeit, Ordnung, Übersichtlichkeit und Ästhetik?

- Gibt es in meinem Leben ausreichend Raum und Zeit für Kultur und die schönen Künste?

Wasser – Der Sucher

Das Element Wasser

Wassser ist die Wiege der Schöpfung, die Ursuppe – wie sie manche Biologen salopp nennen –, in der sich die ersten organischen Lebensformen zeigten. Und auch die menschliche Existenz ist und bleibt untrennbar mit dem Wasser verbunden. Wasser umgibt das werdende Leben in der Fruchtblase des Mutterleibs für die Monate der Schwangerschaft und erinnert an den Beginn der Evolution. 75 Prozent des Körpers eines Erwachsenen bestehen aus Wasser.

Wasser ist als Träger von Nährstoffen genauso unverzichtbar wie als Lösungsmittel bei der Körper-Ausscheidung von Giftstoffen und Stoffwechsel-Endprodukten. Wasser ist das lebenspendende Nass, der Quell des Lebens.

In der Geschichte der Menschheit siedelten die Volksstämme stets in Wassernähe. Flüsse und Seen waren begehrte und umkämpfte Plätze, denn sie garantierten Fruchtbarkeit des Bodens sowie Trinkwasser, von dem das Überleben für Mensch und Tier abhing. Trinkwasser ist auch heute noch in vielen Ländern und Erdteilen kostbares Gut und nicht selbstverständlich. Oasen in der Wüste verdeutlichen den Wert ständiger Versorgung mit Wasser. Gerade weil es so kostbar ist, konnte es in früheren Zeiten sogar zur Waffe werden: Mit dem Vergiften von Brunnen ließ sich der Lebensnerv eines Dorfes treffen und eine feindliche Gemeinschaft in die Knie zwingen.

Das plätschernde Wasser einer Quelle wirkt so unschuldig, still und rein und kann so klar sein, dass wir hindurchsehen können. Wasser birgt aber auch die Urgewalt eines Naturelements in sich. Tosend stürzt es zu Tal und gräbt sich in das härteste Gestein. Hier zeigt sich eine andere Qualität des Elements Wasser: Seine Kraft liegt nicht nur in der unaufhaltsamen Flutwelle. Auch mit Zähigkeit und Geduld höhlt der stete Tropfen den Stein und demonstriert damit Willensstärke, Ausdauer und Zähigkeit.

Die Weltmeere bergen in ihren unerforschten Tiefen die letzten Mysterien unseres Planeten. In seinem tiefschwarzen, lautlosen Reich leben seltsame und kaum erforschte Kreaturen. Der Meeresgrund verbirgt sein Wesen wie ein scheues Tier und dient für manche untergegangene Schiffe als letzte Ruhestätte. Das große Wasser – wie der Ozean von den Indianern genannt wurde – kann mächtig und verschlingend, Respekt und Angst einflößend sein. Oft dient es als Metapher für das Unbewusste, denn es heißt: »Stille Wasser sind tief.« In seiner Tiefe bewahren wir unsere größten Geheimnisse auf und verbergen sie vor der Außenwelt – manchmal sogar vor uns selbst.

Wasser ist ein Element, das jede Form seiner Umgebung annimmt, ohne sein eigenes Wesen zu verlieren. Als großes Yin ist es aufnehmend und passiv. Es lässt sich vom Wind zu Wellen formen, vom Feuer zu Dampf umwandeln, von Kälte zu Eis erstarren. Geduldig trägt es Schiffe und gibt Lebensraum für eine unendliche Anzahl an Lebewesen.

Nachdem sich die Natur im Herbst unter dem Einfluss des Metalls in sich zurückgezogen hat, beginnt mit dem Winter die Zeit des Wassers. Sie ist geprägt von verfestigter Form, vom Ausharren und vom Überlebenswillen. Mit Schnee und Eis bedeckt, wirkt die Natur wie starr und tot. Die kahlen Bäume gleichen einem Gerippe, Sommer- und Herbstfarben sind gewichen, die Natur erscheint im eintönigen Schwarzweiß. Mensch und Tier haben sich in ihre Behausungen zurückgezogen bzw. schlummern in tiefem Winterschlaf, in dem der gesamte Stoffwechsel auf das Minimum reduziert wird. Alle Aktivitäten erscheinen gedrosselt, sogar das Plätschern des Baches ist durch eine Eisdecke gedämpft.

Die Kälte des Winters verlangsamt alles. Die Tiere verstecken sich unter einem dicken Winterpelz und auch wir Menschen sind verhüllt unter dicken Mänteln, Schals und Mützen. Wir beschränken den Kontakt nach außen nun auf das absolut Notwendige. Der Mangel an Ablenkung von außen und die lange Dunkelheit der Nacht konfrontiert den Menschen mit seiner Einsamkeit und seinem Innenleben. Der Winter ist die Zeit zwischen Tod und Wiedergeburt.

Uralte Fragen nach Herkunft und Zukunft werden

wach und in der Tiefe der Seele suchen wir nach Antworten.

Der Winter ist eine Zeit der Stille und Besinnung – die Ruhe vor dem Sturm. Denn so unwirtlich diese Zeit auch erscheinen mag, unter der Oberfläche der gefrorenen Erde beginnt das Yang bereits seine versteckte Aktivität: Für manche Samen beispielsweise ist der Frost eine notwendige Phase, um im Frühling sprießen zu können.

Im »Klassiker des Gelben Kaisers« – dem ersten großen Buch der chinesischen Medizin – rät man, im Winter früh schlafen zu gehen und spät aufzustehen. Das Dunkel der Nacht und der Rückzug in sich selbst trägt bei zur Regeneration der am Tag verbrauchten Kräfte. Auch in Phasen von Krankheit verlangt der Körper nach Ruhe und Schlaf, damit er gesunden kann. Im Schlaf fallen wir zurück ins Unterbewusstsein, verarbeiten in unseren Träumen ungelöste Konflikte und füllen unsere Reserven auf, damit wir am Morgen gestärkt und frisch den Tag beginnen können.

Der Winter ist die Zeit der langen Nächte, der Sammlung des Yin, das unser Yang nährt.

Der Persönlichkeitstyp: Sucher

Geprägt von der Zeit des unerbittlichen Winters will der Sucher wissen, was letztendlich Bestand hat. Seine Fragen sind auf den Kern gerichtet, nicht auf die Oberfläche. Was bleibt, wenn sich die Expansionskraft des Holzes ausgetobt hat, der Zauber des Feuers verloschen ist, sich die Gemeinschaft der Erde zersetzt und die perfekten Systeme des Metalls sich auflösen? Was ist wirklich, wo komme ich her, wo gehe ich hin, wer bin ich und was ist der Sinn meines Daseins?

Der Sucher will die Wahrheit wissen. Er will aufdecken und enthüllen, was versteckt ist, ergründen, was heute noch verborgen ist, um es dem Wissensschatz des Menschen von morgen beizusteuern. Wissen und tiefe Einsichten sind für ihn der Weg, die Existenz zu sichern und den Ängsten der Menschheit entgegenzuwirken. Das Mysterium des Lebens ans Licht zu holen ist des Suchers große Lebensaufgabe.

Einem Geheimnis oder Rätsel auf der Spur, wirkt der Sucher selbst geheimnisvoll und rätselhaft. Unbeirrt vom möglichen Unverständnis seiner Umgebung geht er seinen Weg und dreht neugierig jeden Stein auf seinem Weg um, denn es könnte ja der Stein der Weisen sein. Dabei bleibt der Sucher wachsam und ehrlich, um sich nicht von seiner Bestimmung abbringen zu lassen. Die

Fallen des »Maya« – der Illusion –, die der Wahrheit das
barmherzige Mäntelchen von kleinen Notlügen oder
Beschönigungen umhängen will, kennt er genau.

Um dieser Gefahr nicht zu erliegen, lässt sich der Sucher nur zögerlich auf intime Beziehungen ein, er bleibt
scheu und vorsichtig. Die Unbeständigkeit menschlicher Beziehungen und Emotionen mit ihren Verspre-
chungen erlebt er als unzuverlässig und trügerisch. Sein
Vertrauen wächst langsam, er lässt sich Zeit. Seine
wenigen, tiefen Freundschaften entwickeln sich nur
zögernd. Er ist verletzlich und empfindsam. Im krassen
Gegensatz zu seiner reichen Innenwelt steht seine Fähigkeit, sich mitzuteilen. Um dem unsicheren Terrain
von Intimität zu entkommen, genießt der Sucher Begegnungen erst hinterher, wenn er allein und unbeob-
achtet ist. Entspannt – da jetzt nichts mehr schiefgehen
kann – geht er alle Einzelheiten in der Erinnerung
durch und lässt Gefühle, Gespräche und Handlungen
wie eine köstliche Praline auf der Zunge zergehen.

Der Sucher verfügt über ein großes Auffassungsver-
mögen. Er vermag den Anfang eines Unternehmens
zurückzuverfolgen und das Ende vorherzusehen. Seine
Fähigkeit zu denken ist unübertroffen. Er knüpft Zusammenhänge zwischen scheinbar losen Ereignissen
und kommt dann zu erstaunlichen Ergebnissen. Für
Außenstehende wirkt dies manchmal mysteriös. Sein
Denkvorgang ist genial und dabei oft nicht nachvoll-
ziehbar wie bei einem Albert Einstein.

Er unterscheidet sich dabei vollkommen von dem ana-
lytischen Denken des Richters, der zwar auch präzise,
aber immer in seinen vorgegebenen Systemen denkt

und einordnet. Die Einsichten des Suchers sind originell, innovativ und begnadet. Er ist kein Macher. Für ihn gelten die Bewegung der grauen Gehirnzellen genauso viel wie für andere die Umsetzung des Gedachten. Stundenlang kann er sich damit beschäftigen zu denken, in sich hineinzuhorchen und seine Gedanken zu beobachten.

Ohne den Ansporn und den Elan seiner Mitmenschen bleibt er selbstzufrieden in seiner Innenwelt, verpasst jedoch manchmal den Bezug zur Realität. Für die Anwendung seiner Einsichten hofft er auf Andere, ist aber darauf angewiesen, dass sie sein Wissen mit dem nötigen Mitgefühl in die reale Praxis umsetzen. Das birgt Gefahren, denn es kann beispielsweise passieren – so geschehen –, dass ein Quantensprung der Wissenschaft – die Kernspaltung – ohne die Weisheit um Zusammenhänge rücksichtslos als Vernichtungswaffe oder gefährliche Energiequelle genutzt wurde. Solche Erfahrungen lassen ihn noch kritischer und vorsichtiger wählen, wem er sich und seine Erkenntnisse anvertrauen will.

Des Suchers Kritik entsteht nicht aus dem Vergleich mit Moral und ausgewählten Normen und Standards, wie dies der Richter praktiziert. Seine Messlatte ist die Wahrheit, in deren Licht alles Unreine umso deutlicher sichtbar wird. Der Sucher betrachtet seine Suche als ein ernstes Unterfangen. Alle seine Sinne sind darauf ausgerichtet, genug Informationen zu sammeln, um ein klares Bild von der Wirklichkeit zu bekommen. Sein Scharfsinn, seine Verpflichtung zu absoluter Wahrheit und sein geübtes Denkvermögen machen ihn zu einem gefürchteten Widersacher.

Auch wenn seine Überzeugung der allgemeinen Auffassung widerspricht, wird er keinen Millimeter davon abweichen. Galileo Galilei zum Beispiel beharrte auf seiner Erkenntnis von der runden Erde. Die katholische Kirche beschuldigte ihn deshalb als Ketzer und drohte mit der Todesstrafe. In der ironischen Art des Suchers sprach er: »Ich widerrufe hiermit die Aussage, dass ich glaube, die Erde sei eine Kugel.« Dann fügte er hinzu: »Aber das ändert nichts an der Wahrheit. Die Erde kümmert es nicht, was ich glaube. Sie ist und bleibt eine Kugel.« Kompromisse um des lieben Friedens willen gehören nicht zum Wesen des Suchers, die Wahrheit spricht er hart und ohne Schnörkel aus.

Der Sucher ist selbstgenügsam, zäh und bescheiden. In seiner Familie beharrt er auf ehrlichen und unabhängigen Beziehungen. Diese Werte sind für ihn die Basis des Zusammenlebens. Da er selbst viel Freiheit benötigt, um für sich zu sein, gesteht er auch den anderen Familienmitgliedern so viel Raum zu, wie sie benötigen, um sich selbst zu verwirklichen. Die liebevolle Verbindung, die er zu ihnen verspürt, besteht auch ohne Worte. Loyal und standhaft hält er zu seiner Familie. Jeden Eingriff in diesen Bereich und in seine Privatsphäre verabscheut er. Auch wenn er die Wärme und Sicherheit in seinem Privatleben genießt, besteht er auf der Möglichkeit, sich in das Schneckenhaus seiner eigenen Welt zurückzuziehen.

Neugierde in Bezug auf innere Prozesse spielt für den Sucher auch bei der körperlichen Liebe eine große Rolle. In einer vertrauensvollen Beziehung kann er sich fallen lassen und versuchen, mit dem Partner das Rätsel der Liebe zu ergründen. Im Liebesspiel verbindet er sich auf tiefster Ebene mit einer der stärksten Ur-Energien, die unseren Körper am Leben hält: der sexuellen Energie. Von ihr will er sich wie von einer Welle tragen lassen, um seine inneren Landschaften zu erkunden. Er sucht nach mehr hinter den Eroberungen und dem Austoben des Abenteurers, dem ekstatischen Höhenflug des Magiers, der verbindenden Nähe des Vermittlers oder den ehrenden Ritualen des Richters.

Obwohl der Sucher all diese Erlebnisse als Stufen auf dem Weg anerkennt, gibt er sich damit nicht zufrieden. In China und Indien entstanden aus der Sehnsucht nach mehr Verständnis über die sexuelle Energie spirituelle Wege, die mit dieser Kraft und Meditation arbeiten, zum Beispiel tantrische und taoistische Praktiken.

Wenn der Sucher die Balance verliert

Der Reichtum der inneren Welt des Suchers ist zugleich seine Stärke und seine Schwäche, denn er läuft Gefahr, sich in der Tiefe seiner eigenen Welt zu verlieren. Manchmal verschwindet der Sucher für Tage in seiner selbstgewählten, einsamen Tiefe und vergisst, wie es in der Außenwelt aussieht. Er wird weltfremd. Niemand weiß, was er denkt und fühlt, denn er kann es nicht mehr vermitteln. Und in den Labyrinthen seines Geistes verirrt sich jeder, der nicht eingeladen war, mit ihm zu kommen.

Doch wie ein verloren gegangenes Expeditionsmitglied in der Wüste braucht er den Einsatz anderer, die zu ihm vordringen, ihn aus seiner Lage befreien und wieder in die Gesellschaft von Menschen zurückbringen. Dies ist notwendig, damit der Same der Erkenntnis, den der Sucher gefunden hat, in der fruchtbaren Erde einer Gemeinschaft sprießen, wachsen und erblühen kann. Denn erst die vollendete Frucht wird die Welt bereichern.

Vom Zeichen des großen Yin geprägt, ist der Sucher der passivste Archetyp. Er weiß um seine Stärken: sein Durchhaltevermögen und seine Zähigkeit. Doch seine Leidenschaftslosigkeit kann ihn dazu verleiten, sich auf die Initiative anderer zu verlassen, wenn eigener Handlungsbedarf vonnöten wäre. Meist wartet er geduldig ab im festen Glauben, dass schon alles seinen rechten Weg gehen wird: »Schweigend sitzen, nichts tun, der Frühling kommt und das Gras wächst von allein.« Diesen weisen Satz benutzt er manchmal und rechtfertigt damit sein Nichtstun oder seine Verzagtheit. Doch er täte besser daran, sich einen anderen klugen Sufi-Ausspruch zu Herzen zu nehmen: »Vertraue in Gott, aber binde zuerst dein Kamel an.«

In der Phase des Abwartens wird der Sucher unzugänglich und wirkt entrückt. Seine Unfähigkeit zu alltäglichem Kontakt und seine Angst vor Ablenkung vom Wesentlichen lässt ihn anonym und distanziert zurück. Sein Fokus, der auf das Aufspüren und Lösen von Rätseln gerichtet war, verändert sich. Er sieht nur noch die

Falschheit der Welt, ihre Lügen und ihre kurzlebige Gier nach oberflächlicher Befriedigung. Unschuldiger Spaß unter Freunden erscheint ihm nun kindisch und dem Ernst des Lebens nicht angepasst.

Erstarrt und überwältigt vom Ausmaß der Unwahrheit bleibt ihm nur der Zynismus. Während der Magier gemäß seiner lodernden Feuerqualitäten nach oben abhebt und dadurch den Kontakt zu seiner Umwelt verlieren kann und arrogant wird, taucht der Sucher in die Tiefe des Wassers ab. Auch er verliert die Tuchfühlung zu seinen Mitmenschen, wird aber sarkastisch, überkritisch und gelegentlich auch eigenbrötlerisch. Mit spitzem Finger und leiser, aber scharfer Zunge weist er auf Missstände hin.

Die Beschäftigung mit den Mängeln und Lastern der Menschen färbt seine eigene Sichtweise und verhindert, dass sein Wissen um die Lösung zum Tragen kommt. Er verliert sein Vertrauen, resigniert und erfährt das Leben als sinnlos. Argwöhnisch und pessimistisch glaubt er, dass sich alles nur noch verschlechtern kann. In dieser Phase wirkt der Sucher nur noch wie die schwarzen Löcher im Weltall, die jedes Licht schlukken, ohne selber etwas auszustrahlen. Das Leben betrachtet er wie einen endlosen Polarwinter ohne Hoffnung auf wärmende Sonne und Frühling. Wie unter einer Eisschicht erstarrt oder gelähmt erscheint ihm Kontakt und menschliche Wärme schier unmöglich. Der Sucher sieht schwarz.

Diese finstere Aussicht auf die Zukunft macht Angst. Angst ist der Schatten des Suchers. Der Sucher ist sich stets der Vergänglichkeit aller Dinge bewusst, einschließlich seiner eigenen Auflösung. Doch wenn er vergisst, dass der Tod Teil des Lebens ist, verliert er sein Bewusstsein um die Kontinuität der Schöpfung. Der kleine Tod – wie der Orgasmus genannt wird – bringt das Leben hervor, und der dem Tod ähnliche Schlaf in der Nacht regeneriert die Kräfte. Denn, wie wir bereits sahen, regt sich unter der Decke des Winters bereits das neue Leben.

Wesentliche Charakterzüge im Überblick

Ist der Sucher energetisch im Gleichgewicht und ganz in seinem Element, erlebt man sein Verhalten als angemessen, rund und natürlich. Äußere wie innere Einwirkungen können diesen Energiefluss jedoch verlangsamen und stagnieren lassen. Blockiertes Qi sammelt sich an: Handlungen und Reaktionen wirken aufgebläht, unverhältnismäßig und übertrieben. Auch ein Zuwenig an Qi kann entstehen, wenn man von der Quelle der Kraft abgeschnitten ist. Jetzt wirkt das Verhalten mühevoll und wie künstlich aufrechterhalten.
Manche Ausdrucksformen, die nicht seinem Persönlichkeitstypen entsprechen, ergeben sich aus der Verbindung zu den anderen Elementen im Kontrollzyklus oder Schöpfungszyklus (siehe Seiten 162f. und 166ff.).

Der Sucher im ausgeglichenen Qi-Zustand

ehrlich, ernsthaft, glaubwürdig, seriös, neugierig, eigen, genial, vorsichtig, introvertiert, sensibel, feinfühlig, selbstgenügsam, bescheiden, sparsam, wachsam, aufmerksam, weise, ruhig, gelassen, heiter

Verhalten bei Übermaß an Wasser-Qi

humorlos, gelähmt, exzentrisch, überkritisch, zynisch, sarkastisch, unverblümt, überspannt, starr, verknöchert, starrköpfig, mißtrauisch, argwöhnisch, paranoid, anonym

Verhalten bei Mangel an Wasser-Qi

einsilbig, wortkarg, schrullig, ängstlich, scheu, schreckhaft, kraftlos, frigide, lustlos, knickerig, pingelig, pessimistisch, düster, willensschwach, geistesabwesend, verloren

Typische Herausforderungen im Leben des Suchers

- Die größte Sehnsucht des Suchers ist die Enthüllung der Wahrheit. Er will wissen, wie die Dinge wirklich sind, will den Ursprung und die Ursache finden. Er will menschlichen Regungen, Emotionen, Verhalten auf den Grund gehen. Und letztendlich will er wissen, woher er kommt. Das Licht der Wahrheit wiederum enthüllt alles Falsche und stellt jeden bloß, der in sein Licht gerät. Der Sucher scheut jedoch die eigene Entblößung in der Öffentlichkeit. Sein Wesen ist dem Inneren zugewandt, nicht dem Außen. Entblößung erlebt er wie das Zurschaustellen eines Yang-Persönlichkeitstypen.

- Die Herausforderung des Suchers besteht darin, der Welt zur Verfügung zu stellen, was er gefunden hat, und seine Wahrheit im Feuer des Lebens erhärten zu lassen. Wahrheit ist nutzlos, wenn sie nicht gelebt wird. Wissen, das nicht angewandt wird, ist nichts wert. Genialität verkümmert, wenn sie nicht in Handlung umgesetzt wird. Hierin liegt die Entwicklungschance für den Sucher und die gesamte Menschheit.

- Der Sucher genießt solche Zeiten, in denen er für sich ist, seinen eigenen Gedanken und Stimmungen nachhängen kann oder sich in seine Ideen vergräbt. In diesen Phasen, die seinem Wesen so grundlegend entsprechen, ist er jedoch gleichzeitig mit der Angst konfrontiert, verlassen oder im Stich gelassen zu werden.

- Die Herausforderung für ihn besteht im Pendeln zwischen den Welten. Genug Verbindung zur Welt mit seinen Freuden gibt ihm die Sicherheit, tief tauchen zu können. Das tiefe Yin braucht das Yang, um bewegt zu werden, das lodernde Yang braucht das nährende Yin.

Die Sucherin Anna

Anna, eine vierzigjährige Ärztin, arbeitet in einer Klinik für psychosomatische Medizin. Dem ersten Eindruck nach ist sie scheu und zurückhaltend. Ihr Beruf, in dem sie zuerst Chirurgin werden wollte, hat sie über die Jahre hinweg gelehrt, sich klar und unmissverständlich mitzuteilen. Ihre Scharfsinnigkeit und kritische Suche nach den Erkrankungsursachen ihrer Patienten brachten das verborgene Talent einer ausgezeichneten Psychotherapeutin zum Vorschein.

Die Unterhaltungen mit ihr sind immer spannend, da Anna sofort zum Kern eines Themas vordringt. Ihr Wissen und der innere Reichtum, der sich in Gesprächen mit ihr offenbart, sind bewundernswert. Anna kennt sich in vielen Wegen und Irrwegen der menschlichen Seele aus und besitzt dadurch ein großes Potential mitfühlenden Verständnisses.

Trotz ihres Wunsches war es ihr nicht vergönnt, Kinder und Familie zu haben. Da sie Qualitäten des Elements Erde idealisiert, geriet dies zur schwierigen Auseinandersetzung mit den realen Fakten. Sie lebt seit ein paar

Jahren ohne Partner, hält aber einen über Jahre gewachsenen, kleinen Freundeskreis aufrecht. Seit mehreren Jahren geht sie immer wieder durch Phasen tiefer Depression, in denen sie kaum ansprechbar ist und keine Kraft verspürt, Kontakt mit der Außenwelt aufzunehmen. Doch ihre Zähigkeit, Willensstärke und das Wissen um das Ende dieser Phasen sowie ihre verlässlichen Freunde begleiten sie und führen sie am Ende des Tunnels wieder zum Licht.

Anna weiß um die Notwendigkeit, sich mit den Qualitäten der anderen vier Elemente zu verbinden. Deshalb trainiert sie seit acht Jahren eine asiatische Kampfsportart und hat damit Zugang zu der Kraft bekommen, die ein stagnierendes Wasser bewegen kann.

Wie der Sucher gesund, stark und ausgeglichen bleibt

Partnerschaft

Der Sucher erwartet von einer Partnerschaft den Zugang zur Welt. Sie ist seine Tür zum Kontakt zu Freunden und Bekannten. Er braucht es, daran erinnert zu werden, aus seinem Schneckenhaus herauszukommen, und folgt bereitwillig der Initiative seines Lebenspartners. Gleichzeitig baut er auf die verlässliche Sicherheit einer Beziehung, um sich vor dem Außen zu schützen. So dient der Partner auch als Tor zum Rückzug aus der Welt. Der Sucher versteckt sich gern im Kokon seiner Zweisamkeit und schirmt sich auf diese Weise von der Außenwelt ab.

Diese Exklusivität mit einem Partner, der für die unterschiedlichen Bedürfnisse des Suchers herhalten muss, kann zuweilen ein hoher Anspruch sein. Wer sich aber darauf einlässt, wird belohnt mit einer sehr intimen und ehrlichen Lebensgemeinschaft. Der Sucher will mit seinem Partner wachsen und wird sich auch nicht scheuen, vertrauensvoll allen aufkommenden Themen und Konflikten mit Gründlichkeit und Ehrlichkeit zu begegnen und auf den Grund zu gehen. Er bedient sich der Partnerschaft als Medium zur Sinnfindung im Leben. Existentielle Fragen werden erörtert, verstärken die gemeinsamen Bande und gleichen dabei so manchen Mangel an emotionaler Zuwendung und Zärtlichkeit aus.

Wer die fehlende Lebenswärme des Suchers persönlich nimmt, wird schnell frustriert das Feld räumen. Sucher brauchen Partner, die für sich selbst stehen und Zeiten des Alleinseins als Bereicherung erleben können. Wer dem Sucher Zeiten des Rückzugs in seine Innenwelt nicht zugestehen kann, bedroht damit die existentielle Grundlage dieses Persönlichkeitstypen.

Sucher geben ihrem Partner viel Unterstützung und Raum, sich selbst in seiner Tiefe zu erleben und zu entfalten, denn sie vertrauen auf die Kontinuität des Wahrhaftigen. Wenn also die Liebe ehrlich ist, wird sie bestehen bleiben und auch der Tod wird sie nicht trennen.

Kindheit

Sucher-Kinder sind neugierig und verlangen nach Wissen. Sie hören nicht auf zu fragen, bis sie eine befriedigende Antwort erhalten haben. Mit oberflächlichen Rückmeldungen lassen sie sich nicht abspeisen. Wenn sie geduldig das Innenleben eines Radios erforschen, vergessen sie Zeit und Raum. Sie vergraben sich gern in Büchern und saugen Wissen wie ein Schwamm auf. In der Schule sind sie oft unterfordert. Da sie an Noten und dem Zurschaustellen ihrer Fähigkeiten nicht sonderlich interessiert sind, fallen sie aus dem System von Belohnung und Tadel. Sie empfinden Wiederholung von Lernstoff als langweilig und hängen lieber ihren eigenen Phantasien und Träumen nach.

In emotional vereinnahmenden Familiensituationen

ziehen sich Sucher-Kinder zurück, schließen die Tür ihres Zimmers oder schotten sich so weit ab, dass sie nicht erreicht werden können. Sie brauchen den Rückzug zum Kern ihres Wesens, um wieder Kraft tanken zu können.

In Gemeinschaften sind sie unauffällig und manchmal in der Außenseiterposition. Für ihre Ehrlichkeit und Zähigkeit werden sie geschätzt. Da sie auf ihrer Unabhängigkeit beharren, sind sie auch nicht leicht zu manipulieren. Bevor sie als Mitläufer gelten, geben sie lieber Beziehungen auf oder legen sie auf Eis.

Beruf

Der Sucher sieht in seiner Arbeit die Möglichkeit, sich Autonomie zu verschaffen. Am glücklichsten ist er, wenn er seinen eigenen Interessen im Rahmen einer Arbeitssituation nachgehen kann und dafür auch noch anständig bezahlt wird. Von Belobigungen, Belohnungen, Titeln oder dem Gewirr von hierarchischen Beziehungsgeflechten hält er nichts und lässt sich durch sie auch nicht so leicht manipulieren.

Er wünscht sich einen Arbeitsplatz, an dem er – von Mitarbeitern abgeschirmt – möglichst ungestört seiner Aufgabe nachgehen kann. Großraumbüros ohne Trennwände, ständige Ablenkung und das Gefühl, auf dem Präsentierteller zu sitzen, kann für den Sucher ein Kündigungsgrund sein. Er braucht seinen Raum, seinen Schreibtisch und sein eigenes Telefon. In Gegenwart anderer fällt es ihm schwer, sich zu konzentrieren. Manche Sucher ziehen es vor, nach Arbeitsschluss oder auch nachts zu arbeiten, um so der Hektik des Tages zu entgehen.

Am effektivsten ist ein Sucher, wenn er allein in seinem eigenen Zeitrahmen eine Aufgabe oder einem Problem auf den Grund gehen kann, um anschließend seine Erkenntnisse einem Yang-Persönlichkeitstypen für die Darstellung oder Umsetzung zur Verfügung zu stellen. Konflikte, die in einer Zusammenarbeit auftreten können, löst der Sucher am liebsten in seinem stillen Kämmerlein und wartet nach angemessener Zeit des Nachdenkens mit einer Lösung auf. Wenn sich der Sucher unter Druck gesetzt fühlt, kann er zur Salzsäure erstarren und ist dann unfähig, zu reagieren. Äußerlich kühl, desinteressiert oder sogar gelangweilt wirkend ist er bemüht, seinen innerlichen Aufruhr zu verbergen. Diese Art der Konfliktbewältigung stößt nicht immer auf Verständnis bei Mitarbeitern, die gewohnt sind, eine Problematik gemeinsam aus dem Weg zu räumen.

Das Zuhause

Zuordnungen nach den Regeln des Feng Shui	
Farbe	Schwarz, Dunkelblau, Dunkelviolett
Richtung	nach unten
Räume	niedrig, verwinkelt
Form	unregelmäßig, wellenförmig, horizontal
Wohnort	Land oder Stadt
Materialien	Glas

Der Sucher verbindet mit seinem Wohnplatz sehr archaische Bedürfnisse: Wie unsere Urahnen sucht er Wärme und Schutz vor den Gefahren der Welt. Seine Wohnung ist seine Höhle, die es ihm erlaubt, sich zurückzuziehen. Er kann sich tagelang in seine Bücher vergraben und sich im Alleinsein regenerieren.

Nach den Regeln des Feng Shui zählen Gebäude mit unregelmäßigen Strukturen, die an Wellen erinnern, zum Element Wasser. Die Bewegungsrichtung nach unten drückt sich in der Vorliebe für horizontale Ausdehnung aus. Der Sucher ist genügsam und muss sich nicht im Äußeren repräsentieren. Die Größe der Zim-

149

mer und ihre Ausstattung hat keine Priorität. Winkel, Ecken und Nischen kommen seinem geheimen Wunsch nach Verstecken zugute. Für ihn zählt sein eigener Bereich, zu dem er die Türe schließen kann und in dem er sein Genie entfalten darf. Räumen Sie niemals den Schreibtisch eines Suchers auf! Er erlebt das als unerlaubten Eingriff in seine Privatsphäre.

Sucher wollen es warm und ruhig. Wegen Ihres verlangsamten Stoffwechsels und ihrer Bewegungsarmut leiden sie schnell an kalten Händen und Füßen und brauchen Fußbodenheizung oder dicke Teppiche. Sie fühlen sich eher dazu hingezogen, auf dem Land als in der Stadt zu leben. Die Ruhe und Ursprünglichkeit der Natur regen sie zur Innenschau an. Die langsamere Gangart entspricht mehr ihrem Tempo. Aber auch in der Stadt finden sich Sucher zurecht. Sie tendieren dann zu ruhigen Rückgebäuden.

Der Sucher, dem es in seiner Umgebung an Wasser-Qi mangelt, kann sein Zuhause oder seinen Arbeitsplatz mit Materialien anreichern, die das Wasser-Element stärken: Schalen oder Vasen mit Wasser, Springbrunnen oder laufendes Wasser sowie Glasgegenstände. Da das Metall als Mutterelement nach dem Schöpfungszyklus das Wasser nährt (siehe Seite 162ff.), eignen sich alle Metalle zur Hebung des Wasser-Qi. Die Kombination von Glas und Metall – zum Beispiel als Spiegel – sind dafür besonders günstig.

Wenn Wasser-Qi nicht fließt und sich ansammelt, lässt es sich nach dem Kontrollzyklus (siehe Seite 166f.) durch Erdgegenstände wie Keramiktöpfe, Steine, Sand usw. in Schach halten. Auch Materialien des Elements

Holz, beispielsweise Pflanzen, können einen Überschuss an Wasser verarbeiten und damit abbauen. Wenn die Balance des Suchers gestört ist und sich als Verwirrung und in unklarem Denken äußert, kann er nachts eine Schale mit klarem Wasser neben das Bett stellen und mit der Vorstellung einschlafen, dass der Verstand so rein wie dieses Wasser wird. Am Morgen wird das Wasser erneuert. Dieser Prozess wird so lange wiederholt, bis die gewünschte Klarheit erreicht ist.

Bewegung und Sport

Der Sucher ist als Persönlichkeitstyp des großen Yin geprägt von Passivität und Trägheit. Er ist nicht leicht zu bewegen. Sein Stoffwechsel ist langsam und auch seine Bewegungen sind bedächtig. Die Schwere des Yin zieht ihn nach unten zur Erde. Als »Kaltblütler« unter den Persönlichkeitstypen braucht er eine lange Anlauf- und Aufwärmzeit. Klug genug, um zu wissen, dass ihm Bewegung und in gewissen Maßen auch Sport gut tun, findet er durchaus Gefallen an körperlicher Betätigung. Er kann jedoch nicht in die Aktivität hineinexplodieren wie der Abenteurer, gleicht dies aber mit Ausdauer und Zähigkeit aus.

Den typischen Sucher sieht man in einen schwarzen Wintermantel gehüllt mit Schal und Mütze durch den Schnee stapfen. Kälte und Kargheit einer winterlichen Landschaft regen sein Wesen an. Unbeirrt folgt er seinem Vorhaben zu einem langen Marsch und kann dabei noch zusätzlich seiner Lieblingsbeschäftigung frönen: dem Nachhängen von Gedanken. Am liebsten tut er dies allein.

Der Sucher scheut den Mannschaftssport, denn der ständige soziale Zwang zum Austausch mit den Mitstreitern lenkt ihn ab. Bevor er sich dem hektischen Trubel eines Basketballspieles aussetzt, wird er lieber Langstreckenläufer, Ruderer, Bogenschütze oder Schachspieler. Durch das Nebeneinander in einer Gruppe Gleichgesinnter wird sein Bedarf an Gemeinsamkeit und Austausch bereits ausreichend erfüllt.

Viele Sucher haben eine ausgesprochene Affinität zu ihrem Element, dem Wasser. Schwimmen, Segeln, Kanufahren, Rudern oder Schnorcheln und Tauchen sind Sportarten, die er allein oder mit wenigen anderen betreiben kann. Bei fast allen der erwähnten Betätigungen wird wenig oder gar nicht gesprochen, so dass der Sucher die Natur und sein Element ohne Ablenkung genießen kann. Speziell das Tauchen kann zu einer großen Leidenschaft werden, da der Sucher hier seine Schwere verliert und mit gedämpften Bewegungen in die geheimnisvolle Welt des tiefen Wassers abtaucht.

Nicht nur das Meer, sondern auch die Ursprünglichkeit der Bergwelt und die Ruhe des Bergwanderns ziehen den Sucher an.

Urlaub

Vor dem Urlaub sollte sich der Sucher rechtzeitig klarmachen: Braucht er Geselligkeit und Kontakt, um seinen Mangel an Begegnung in seinem Alltag aufzufüllen? Oder sollen es die Wochen des Jahres sein, um endlich einmal allein sein zu können? Wie bereits erwähnt, bieten sich Orte mit Wassernähe – ob als Fluss, See oder Meer – oder aber die Bergwelt als Refugium der Ruhe an. Auch wenn der Sucher im Urlaub Gesellschaft sucht, braucht er unbedingt ausreichend Möglichkeiten und Zeit, für sich zu sein. Das gilt auch oder gerade dann, wenn er sich mit der eigenen Familie und den Kindern erholen will.

Die heißen Saison-Jahreszeiten bringen den Stoffwechsel des Suchers auf ungewohnte Touren und sind immer dann angebracht, wenn er sich auf ungewohntes Feld begeben möchte, nämlich neue Kontakte zu knüpfen. Ansonsten fahren Sucher gern in der Vor- bzw. Nachsaison und haben damit die Möglichkeit, Landschaft und Menschen in ihrer Ursprünglichkeit zu erleben. Nicht selten sieht man Sucher im Winter in Griechenland oder Korsika an einsamen Stränden entlangschlendern.

Kälte ist für das Qi des Suchers anregend, sofern er dafür richtig ausgerüstet ist. Deshalb eignet sich für ihn auch der Winter bestens als Reisezeit. In feuchtem Klima, wie es in vielen mittelamerikanischen Ländern bzw. in asiatischen Ländern mit Monsunzeiten vorherrscht, sollte er sich möglichst nicht aufhalten.

Für Sucher, deren spirituelle oder religiöse Entfaltung in ihrem Alltagsleben zu kurz kommt, lässt sich die Ferienzeit auch nutzen, um ein Defizit aufzufüllen: Aufenthalte in Klöstern östlicher oder westlicher Ausrichtung, Selbsterfahrungs- bzw. Meditationsgruppen oder Kuren in chinesischen oder ayurvedischen Kliniken können eine große Bereicherung für Körper, Geist und Seele sein.

Ernährung

Wie erwähnt, ist der Stoffwechsel des Suchers oft träge und verlangsamt. Er leidet schnell unter Kälte und Wasseransammlungen im Becken und den Beinen. Heiße und warme Nahrungsmittel schützen vor der Kälte und steigern die Aktivität.

Zu den heißen Nahrungsmitteln gehören: Hammel, Lamm, Schaf, Ziege. Gegrillte Fleischsorten wirken erhitzend, ebenso geräuchertes Fleisch oder Fisch. Gewürze: Cayennepfeffer, Chili, Curry, Fenchel, Muskat, Nelke, Pfeffer, Tabasco, Zimt.

Wärmende Nahrungsmittel sind: Fenchel, Frühlingszwiebel, Kürbis, Lauch, Meerrettich, Süßkartoffel, Zwiebel. Früchte: Aprikosen, Korinthen, Pfirsich, Rosinen, Süßkirschen. Fleisch: Fasan, Hirsch, Huhn, Rebhuhn, Reh, Wachtel, Wildschwein. Fisch: Aal, Barsch, Forelle, Garnele, Hummer, Kabeljau, Lachs, Languste, Muschel, Scholle, Shrimps, Sardelle, Thunfisch. Gewürze: Basilikum, Beifuß, Curcuma, Dill, Ingwer, Ka-

kao, Kardamon, Knoblauch, Koriander, Kümmel, Liebstöckl, Lorbeer, Majoran, Marsala, Mohn, Oregano, Rosenpaprika, Rosmarin, Schnittlauch, Senf, Thymian, Tumerid, Vanille, Wacholderbeere.
Außerdem: Schaf- und Ziegenkäse, Kokosmilch, fermentierte Käsesorten. Getränke: Mineralwasser, Quellwasser.

Checkliste:
Ist Ihr Element im Gleichgewicht?

Wenn Sie als Sucher erleben, dass Ihr Element Wasser überzulaufen oder auszutrocknen droht und Sie Anzeichen eines Ungleichgewichts erkennen, sollten Sie sich mit folgenden Fragen auseinandersetzen:

- Haben Sie in Ihrer Partnerschaft genügend Rückzugsmöglichkeiten? Respektiert Ihr Partner Ihren Wunsch nach Alleinsein als wichtigen Teil Ihres Wesens?

- Fühlen Sie sich mit Ihrem Partner so sicher und vertraut, dass Sie ehrlich Ihre inneren Konflikte erörtern können?

- Schätzt Ihr Partner Ihr Verlangen nach philosophischen, tiefen Gesprächen?

- Ist in Ihrer Partnerschaft ausreichend Raum für Ruhe, Muße und Meditation?

- Wird Ihre Art, den Dingen mit Bedächtigkeit auf den Grund zu gehen, anerkannt?

- Haben Sie an Ihrer Arbeitsstelle genug Privatsphäre und Ruhe, um Ihren Aufgaben nachzugehen? Gibt es die Möglichkeit, dem Beziehungsgeflecht Ihrer Kollegen so weit aus dem Weg zu gehen, dass Sie sich auf Ihre Arbeit konzentrieren können?

- Entspricht Ihre Aufgabe zumindest teilweise Ihrem Bedürfnis nach Rätseln, deren Lösung Sie suchen?

- Werden Ihr Wissen und Ihre Weisheit gewürdigt?

- Arbeiten Sie mit einem Kollegen oder Partner zusammen, der Sie bei den notwendigen Repräsentationspflichten und bei der Kommunikation nach außen unterstützen kann?

- Haben Sie genug Wärme und Ruhe in Ihrem Zuhause? Gibt es in Ihrer Wohnung oder im Haus einen Platz, an den Sie sich zurückziehen können und wo Sie ungestört sind? Fühlen Sie sich in Ihrer Wohnung sicher und geschützt?

Die Fünf Elemente
im Zusammenspiel

五行

Das Zusammenspiel
der Elemente

In der chinesischen Philosophie wird das Tao als untrennbares Ganzes beschrieben, als ein Gefüge, das alles vereint. Es ist das »Eine«, aus dem alles entsteht und zu dem alles zurückkehrt.

Auf der Basis der Erkenntnis dieser allumfassenden Einheit entwickelte sich die Theorie von den zwei Teilaspekten: Yin und Yang. Das Zusammenwirken dieser polaren Kräfte bildet die Grundlage des gesamten philosophischen, medizinischen und kulturellen Lebens in China.

Auch die Fünf Elemente, als weitere Unterteilung von Yin und Yang, sind als Energieformen des Lebens untrennbar miteinander verbunden. So unterschiedlich der Ausdruck ihrer körperlichen, seelischen und geistigen Funktionen auch sein mag, bilden sie dennoch eine Einheit, in der jeder seinen Aspekt zur Lebensfähigkeit des Ganzen beiträgt. Hier zeigt sich der ganzheitliche Ansatz der chinesischen Weltanschauung und das große Verständnis der chinesischen Heiler und Philosophen über die Wechselwirkungen in lebendigen Organismen. Ein Element beeinflusst als Teilaspekt *immer* die Gesamtheit.

Es ist daher müßig, darüber nachzudenken, welches Organ im Körper eine größere Bedeutung hat: das Herz oder der Dickdarm, die Niere oder der Magen. Ebenso wie die einzelnen Jahreszeiten ihren wichtigen Dienst erweisen und die verschiedenen Organe ihren Beitrag zur Funktion des menschlichen Organismus leisten, so existieren auch im Wesen des Menschen verschiedene Gefühle, Denk- und Verhaltensweisen, Vorlieben und Abneigungen, die sich in ihrer Bestimmung ergänzen. Angst als intuitives Erkennen einer Gefahrensituation ist genauso ein Lebensretter wie Zorn, der uns aus einer scheinbar ausweglosen Situation einen Weg bahnt. Die Rückschau auf vergangene Erfahrungen hilft uns Fehler zu vermeiden, das mutige Springen ins Unbekannte öffnet neue Tore. Zur gegebenen Situation hat jedes Verhalten seinen unschätzbaren Wert.

Auch in der sozialen Ordnung braucht es das Zusammenspiel der Elemente und ihrer Persönlichkeitstypen. Keine Gesellschaft kann nur aus Anführern bestehen, selbst wenn jeder danach streben mag. Ein Schiff voller Matrosen braucht seinen Kapitän, und im Gesamtbild ist der Schiffskoch nicht weniger wichtig als der Admiral. Dementsprechend ist der Abenteurer in seiner expansiven Kraft dem Richter in seiner Konzentration auf das Essentielle ein wichtiger Gegenspieler. Der Sucher gleicht mit seinem stillen Wesen die Extravaganz des Magiers aus. Der Vermittler wiederum nimmt seinen Platz in der Mitte ein und balanciert die Gegensätze.

Jeder erfüllt den ihm gesetzten Auftrag, die Elemente wie auch die Persönlichkeitstypen nähren und unterstützen einander und halten sich sozusagen in Schach, indem sie den nötigen Ausgleich schaffen.

Die Wechselbeziehungen der Fünf Elemente haben Auswirkungen auf die körperliche, emotionale und geistige Balance des Menschen. Ein Ungleichgewicht äußert sich in Schwäche, Unbehagen und Krankheit, während ein Gleichgewicht sich in Schönheit, Anmut und Gesundheit ausdrückt.

Um Krankheit und Schwäche zu vermeiden, suchte man in der chinesischen Fünf-Elemente-Lehre nach Hinweisen und Zusammenhängen, die Gesetzmäßigkeiten erklären konnten. Durch genaue Beobachtung natürlicher Phänomene sammelte sich über Generationen hinweg ein großer Erfahrungsschatz an, der innere Zusammenhänge und äußere Einwirkungen definieren konnte. Es entstand das Wissen um den *Schöpfungszyklus* (Sheng-Zyklus) und den *Kontrollzyklus* (Ko-Zyklus).

Der Schöpfungszyklus

Der Schöpfungszyklus der Elemente wird auch als *Mutter-Kind-Zyklus* bezeichnet: Ein Element erzeugt immer das darauf folgende Element, indem es seine Kraft und sein Qi an seinen Nachfolger weitergibt. Das Mutterelement gebärt das Kindelement, unterstützt und nährt es, und trägt so zu dessen Wachstum bei:

- das Holz nährt das Feuer
- das Feuer nährt die Erde
- die Erde nährt das Metall
- das Metall nährt das Wasser
- das Wasser nährt das Holz

Metaphorisch könnte man sagen, dass das Holz den Brennstoff für das Feuer liefert, die Asche des Feuers wiederum düngt die Erde und macht sie fruchtbar (entwicklungsgeschichtlich entstand unser Planet mit seiner Erdkruste aus glühendem Magma). Durch Verdichtung und Konzentration der Erde entsteht die Welt der Mineralien, Erze und Metalle. Die Metalle lösen sich im Wasser auf und beleben es. Das Wasser schließlich ist das lebenspendende Nass für die Pflanze, die zum Holz heranwachsen will. Damit schließt sich dieser Kreis der Schöpfung.

Die Schwäche eines Elements wird als energetischer Mangel an das nächste Element weitergegeben wie eine kranke Mutter, die ihr Kind nicht mehr ausreichend ernähren und versorgen kann. Das Kind wird nun an Unterversorgung leiden und Mangelsymptome entwickeln. Die Schwäche wird hierbei im Uhrzeigersinn des Schöpfungszyklus weitergegeben.

Ein energetischer Mangel kann sich im Schöpfungszyklus aber auch gegen den Uhrzeigersinn ausbreiten. Wenn ein Element schwach wird und sozusagen als Kind kränkelt, wird es sich an die Mutter wenden, um Unterstützung und Kraft von ihr zu erhalten. Es kann die Reserven auch einer gesunden Mutter so massiv beanspruchen, dass sie erschöpft wird und Mangelsymptome entwickelt. Diesmal überträgt sich die Schwäche des Kindes auf das Qi der Mutter.

In der chinesischen Medizin kann man anhand der körperlichen Symptome nachvollziehen, wie sich die Schwäche eines Elements im Laufe der Zeit entsprechend dem Schöpfungszyklus auf die anderen Elemente und deren körperliche Entsprechungen auswirkt.

In der Psyche eines Menschen lässt sich das Zusammenspiel der Kräfte folgendermaßen beobachten:
In Schwächephasen eines Persönlichkeitstyps neigt dieser dazu, sich auf Eigenschaften seines *vorangegangenen, also seines Mutterelements* mit den entsprechenden Qualitäten dieses Persönlichkeitstypen zu stützen:

- Der Abenteurer, der seine Kraft verloren hat, aktiviert die Anlagen des Suchers.
- Der Sucher gedenkt der Werte des Richters.
- Der Richter ruft sich die Kapazität des Vermittlers in Erinnerung.
- Der Vermittler besinnt sich auf Talente des Magiers.
- Der Magier beruft sich auf die Qualitäten des Abenteurers.

In Phasen des Qi-Übermaßes jedoch neigt ein Element dazu, seine Energie vermehrt an sein nachfolgendes Element, das *Kindelement,* abzugeben, mit folgender Auswirkung:

- Feuer verbrennt dann den Überschuss an Holz.
- Erde erstickt das zu hoch lodernde Feuer.
- Metall verdichtet und konzentriert die zu schwere Erde.
- Wasser löst Metall auf.
- Holz nimmt den Überschuss von Wasser auf.

Der Persönlichkeitstyp eines Elements nimmt nun Wesenszüge an, die den Charaktereigenschaften seines Kindelements entsprechen, und verbindet sie mit seinen ursprünglichen Wesenszügen. Damit versucht er, seinen Überschuss an Qi weiterzugeben. Diese Kombinationen zweier benachbarter Elemente sind oft machtvolle und kraftstrotzende Verbindungen.

- Der Abenteurer mit Qi-Stärke oder -übermaß im Holz verbindet sich mit Charaktereigenschaften des Magiers.
- Der Magier mit Qi-Stärke oder -übermaß im Feuer verbindet sich mit Charaktereigenschaften des Vermittlers.
- Der Vermittler mit Qi-Stärke oder -übermaß in der Erde verbindet sich mit Charaktereigenschaften des Richters.
- Der Richter mit Qi-Stärke oder -übermaß im Metall verbindet sich mit Charaktereigenschaften des Suchers.
- Der Sucher mit Qi-Stärke oder -übermaß im Wasser verbindet sich mit Charaktereigenschaften des Abenteurers.

Der Kontrollzyklus

Im Kontrollzyklus (Ko-Zyklus) kontrollieren sich die Elemente untereinander, so dass keines die Grenzen des ihm erlaubten Spielraumes überschreitet. Das Qi eines Elements zügelt das Qi des jeweils *übernächsten Elements* in der Sequenz der Fünf Elemente. Dieser Zyklus wird auch als *Großvater-Enkel-Zyklus* bezeichnet. Die Großväter waren in China jene Autoritätspersonen, die für die Erziehung der Enkel verantwortlich waren. Sie schränkten den Nachwuchs ein, wenn es notwendig wurde, oder gaben den Enkeln Raum zur Entwicklung ihrer eigenen Fähigkeiten und Talente, sofern dies zum Nutzen aller war.

Im Kontrollzyklus entsteht die kreative Spannung, die sowohl Großväter als auch Enkel bereichert. Beide profitieren von Auseinandersetzungen und Konflikten – die Enkel von der Weisheit der Alten und die Großeltern von der Vitalität und Unbekümmertheit des Nachwuchses. Im Kontrollzyklus findet man folgende Beziehungen der Elemente zueinander, wobei das erst-genannte jeweils die Rolle des Großvaters und das zweitgenannte die des Enkels spielt:

- das Holz kontrolliert die Erde
- die Erde kontrolliert das Wasser
- das Wasser kontrolliert das Feuer
- das Feuer kontrolliert das Metall
- das Metall kontrolliert das Holz

Diese Gesetzmäßigkeiten des Kontrollzyklus lassen sich in Bildern der Natur beschreiben: Die Pflanzen (Element Holz) halten die Erde in ihren Grenzen. Sie bekommt Festigkeit, wird von den Wurzeln durchdrungen und gleichzeitig gehalten. Zu wenig Pflanzen lassen die Erde verwüsten und austrocknen, so wie es derzeit durch das

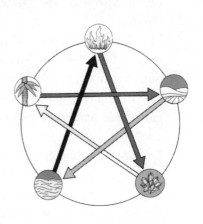

Abholzen in den Regenwäldern geschieht. Die Erde kann aber auch ihre Stütze verlieren, wenn mangelnder Baumbestand die Erde nicht mehr halten kann. Zu viel Regen beispielsweise lässt unter Umständen ganze Berghänge abrutschen, wie es in den Alpen geschah, als mit unüberlegtem Vorgehen Skipisten geschaffen werden sollten.

Die Erde ihrerseits gibt dem Wasser seine Form. Als Flussbett lenkt sie das Wasser von der Quelle bis zum Meer. Sie kann Wasser aufnehmen, speichern und wieder abgeben und reguliert damit den Wasserhaushalt für viele Lebewesen. Sie dämmt Hochwasser ein und verhindert Überschwemmungen. Wenn ein zu schwacher Erddamm bricht, kann dies zur Katastrophe führen.

Den Zyklus fortführend hält das Wasser das Feuer in Schach. Mangel an Feuchtigkeit in der Natur erhöht die Gefahr eines Brandes. Mit Wasser löschen wir das Feuer, das außer Kontrolle zu geraten droht. Auch unseren

Durst, durch zu viel Hitze entstanden, stillen wir mit Wasser.

Das Feuer wiederum schmilzt das Metall. Nur durch starke Hitze lässt sich Metall aus seiner starren Form zu nützlichen oder künstlerischen Formen verarbeiten. Die Festigkeit, Reinheit und Schönheit metallener Gegenstände hängt von der richtigen Schmelztemperatur ab.

Das Metall schließlich schneidet Holz. Wer je versuchte, sich in einem wuchernden Dschungel einen Weg zu bahnen, weiß, wie wichtig eine funktionstüchtige, scharfe Machete ist. Auch beim Grasmähen schätzt man eine scharfe Sense. Axt und Säge aus Metall sind wichtige Werkzeuge, um die nutzbringenden Möglichkeiten von Pflanzen und Bäumen auszuschöpfen. Denn erst das geschnittene Holz kann man zum Bau von Häusern oder zur Anfertigung von Möbeln verwenden. Persönlichkeitstypen mit ausgeprägten Wesenszügen ihres Elements sind sich der Wichtigkeit ihres Kontrollelementes bewusst und idealisieren dessen Qualitäten.

Disharmonie im Kontrollzyklus

Der Zyklus der Beleidigung oder des Argwohns

Die Qi-Schwäche eines Elements kann dazu füh ren, dass es seine Kontroll-Funktion nicht mehr ausüben kann. Im Bild der Großvater-Enkel-Beziehung ausgedrückt, kann der zu schwache Großvater seine Enkel nicht in Zaum halten, sie tanzen ihm auf der Nase herum und missachten seine Autorität. Die aufsässigen Enkel beleidigen den Großvater und stören die Ordnung der gesamten Sippe, während der Großvater seine Enkel beargwöhnt.

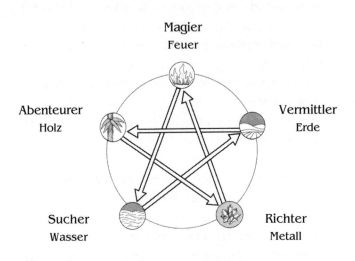

Magier
Feuer

Abenteurer
Holz

Vermittler
Erde

Sucher
Wasser

Richter
Metall

Der Zyklus der Ablehnung oder der Furcht

Nicht nur mangelnde Kontrolle kann den geregelten Ablauf in Natur und Gesellschaft stören. Auch eine rigide und zu starke Kontrolle führt zu Ungleichgewicht. Der Großvater lässt den Enkeln keinen Raum zur Entwicklung ihrer Talente und Fähigkeiten, übt egoistisch Macht auf sie aus und lehnt das Wesen der Enkel ab. Die Enkel wiederum fürchten den Großvater und verkümmern, indem sie ihre eigenen Talente unterdrücken und fremde Charaktereigenschaften nachahmen (dieser Zyklus wird auch der Macht- oder Zerstörungszyklus genannt):

- Holz überwuchert die Erde und laugt sie aus.
- Erde absorbiert das Wasser, so dass der Fluss versiegt.
- Wasser löscht das Feuer aus, jegliche Wärme verschwindet.
- Feuer schmilzt und verdampft das Metall, jede Form geht verloren.
- Metall schneidet alles Holz, nichts kann mehr wachsen und blühen.

Die vorgenommene Beschreibung der Persönlichkeitstypen im Zusammenspiel der Fünf Elemente bezieht sich auf die Auseinandersetzung mit den eigenen Anteilen jener Elemente. Der Umgang mit diesen Grundenergien in der eigenen Psyche werden jedoch oft auch in äußeren Beziehungen sichtbar. In der Psychologie nennt man das die Projektion des Inneren auf die Außenwelt. Wer also als Abenteurer mit Qi-Übermaß im Holz in sich Metall-Anteile sucht, die das entstandene Chaos ordnen können, idealisiert möglicherweise auch Lebens- oder Geschäftspartner, die dem Bild des Richters entsprechen. »Du machst deine Sache einfach perfekt« oder »So ordentlich wie du möchte ich auch mal sein« sind Sätze, die man von solch einem Zeitgenossen sowohl im privaten als auch Geschäftsbereich hören kann. Denselben Abenteurer ärgern aber auch Qualitäten, die beispielsweise der Vermittler an den Tag legt, wie Häuslichkeit und Fürsorge. »Dein ewiges Stubenhocken langweilt mich zu Tode« oder »Ich kann dein Bemuttern nicht mehr aushalten« sind mögliche Sätze, mit denen er einen wohlwollenden Vermittler brüskiert.

In den folgenden Ausführungen sind die Wechselwirkungen der Elemente für die jeweiligen Persönlichkeitstypen beschrieben. Manchmal werden äußere Beziehungen und manchmal innere Spannungen geschildert. Obwohl die Betonung wechselt, sollte man sich immer vor Augen halten, dass Innen und Außen so wie Yin und Yang nur zwei Seiten derselben Münze sind: Beide kommen stets gleichzeitig vor und sind Ausdruck derselben Konstellation der Elemente.

Der Abenteurer im Zusammenspiel der Elemente

Kraftvolles oder übermäßiges Holz-Qi

- tendiert zum Magier (Kind)
- idealisiert den Richter (Großvater)
- lehnt den Vermittler (Enkel) ab

Wenn das Qi des Abenteurers nicht genügend ge-lebt werden kann, neigt es dazu, zu stagnieren. Diese Blockade der Lebenskraft wirkt wie ein Damm, vor dem sich das Qi wie ein Fluss staut. Es kommt zu einem Übermaß im Element Holz.

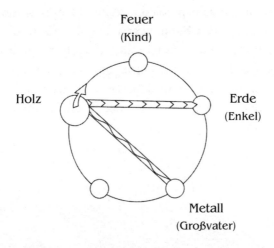

Feuer
(Kind)

Holz

Erde
(Enkel)

Metall
(Großvater)

Der Abenteurer mit kraftvollem oder übermäßigem Holz-Qi tendiert zum Magier

Das Holz-Qi im Übermaß sucht nach einem Weg, sich auszudrücken und benutzt dafür nach dem Schöpfungszyklus die Qualitäten seines Kindelements Feuer, um mehr Holz zu verbrennen (siehe Seite 165).

Der Abenteurer wirkt dann wie ein Magier: strahlend, mitreißend und humorvoll. Die Kombination der zwei Yang-Qualitäten – Macht und Charisma – ist unwiderstehlich. Er redet impulsiv und leidenschaftlich und neigt dazu, seine Gegenüber und Partner mit seiner Ungeduld zu überrennen. Der Abenteurer fühlt sich herausgefordert, unterschiedliche Kräfte, Personen und Ziele zusammenzubringen und im Schmelztiegel des Feuers zu einer Vision zu vereinen.

Der Abenteurer will nun Grenzen nicht nur überschreiten, sondern sie auflösen wie der Magier. Er will nicht mehr nur mit seinen Konkurrenten kämpfen, sondern sie auch in seinen Bann ziehen. Die Rebellion für seine eigenen Interessen weicht der Rebellion für höhere Aufgaben. Er fühlt sich getrieben von einem Ziel zum nächsten und übersieht dabei, wie gelassen und locker der Magier auf das Erreichen des Schmelzpunktes warten kann.

Der Abenteurer mit kraftvollem oder übermäßigem Holz-Qi idealisiert den Richter

Nach dem Kontrollzyklus (Seite 166f.) kontrolliert das Metall-Qi die Energien des Holzes. Diese Qualitäten seines Großvater-Elements Metall idealisiert der Abenteurer, um die Überwucherung seines Holzes beschneiden zu können.

Der Abenteurer mit zu viel Holz-Qi bewundert die Selbstkontrolle und Disziplin des Richters. Er wünscht sich, mehr Urteilsvermögen in sein Leben zu bringen, seinem Expansionsstreben mit der gegenläufigen Kraft der Konzentration entgegenzuwirken und den Dschungel seines inneren Chaos mit Ordnung zu lichten: Was ist wichtig oder unwichtig? Was ist notwendig, was ist überflüssig? Was muss ich loslassen, was behalten?

Die Impulsivität seiner Gefühle und Handlungen hofft er mit Vernunft in den Griff zu bekommen. Wie gern wäre er der Meister seiner Gefühlswelt!

Er sehnt sich nach mehr berechenbarer Zukunft, erhofft sich die Sicherheit von klaren, ethischen Werten und bewundert die Reinheit, Schönheit und Ästhetik des Richters.

Oft fühlt sich der Abenteurer hin und her gerissen zwischen Ordnung und Chaos, Ausbrüchen und Beherrschung seiner Emotionen, Ärger und Trauer.

In seiner Bewunderung für die Qualitäten des Richters fasst der Abenteurer Vorsätze zu geregeltem Lebensstil: Jeden Tag will er sich Zeit nehmen für Yoga, Atemübungen und für geregeltes Essen. Er nimmt sich vor, aufzuräumen und Überflüssiges auszusortieren – und bei diesem Vorsatz bleibt es dann meist ...

Besonders die Atemübungen können eine große Hilfe für den Abenteurer sein, da die Atmung eine Funktion des Metalls ist. Tiefes Ein- und Ausatmen stärkt das Metall und kontrolliert somit die Impulsivität des Holzes. (Viele Raucher bedienen sich – mit dem falschen Mittel – dieses Effekts. Indem sie bewusst tief inhalieren, halten sie aufkommende Gefühle in Schach und unterdrücken damit beispielsweise Aufregung und Ärger.)

Inneres Streben nach mehr Ausgewogenheit der Fünf Elemente werden generell schnell auf äußere Beziehungen übertragen. Der Abenteurer, der nach mehr innerer Ordnung und Regelmäßigkeit sucht und hierfür sein Metall stärken sollte, verlagert seinen Wunsch oft auf den Partner. Er drängt ihn in die reglementierende Rolle und übergibt ihm die Verantwortung für mehr Struktur und Systematik in seinem Leben: »Ohne dich versinke ich im Chaos.«

Gleichzeitig bekämpft er als Abenteurer das kontrollierende Element des Partners, da jegliche Begrenzung seine Rebellion herausfordert. Diese Hass-Liebe findet sich häufig in Beziehungen zwischen Abenteurer und Richter.

Der Abenteurer mit kraftvollem oder übermäßigem Holz-Qi lehnt den Vermittler ab

Starke oder überaktive Abenteurer lehnen die Qualitäten des Vermittlers ab. Der in sich ruhende Vermittler mit seinem Harmoniebedürfnis wirkt wie das rote Tuch für den Stier. Dienen, Diplomatie, Stabilität, Mäßigung oder Anpassung sind Reizworte für den Abenteurer. Da er glaubt, dass diese Eigenschaften seine Lebenskraft ersticken, reagiert er äußerst heftig darauf. Er bekämpft sie schon in sich und möchte sie daher auch aus seinem Umfeld verbannen.

Im Lebenszyklus eines Menschen ist die Zeit der Ablösung eines Jugendlichen von seinem Elternhaus der Übergangsphase von Holz zum Feuer zuzuordnen. Hier erlebt der Jugendliche die eben beschriebene Ablehnung der Werte des Vermittlers. Das starke Holz rebelliert, bricht mit den Traditionen der Familie und schafft damit die notwendige Ablösung. Er gibt sich Raum, die Welt zu erobern und sich selbst zu entdecken, um als Erwachsener mit eigener Identität sein Leben in die Hand zu nehmen.

Mangelndes Holz-Qi

- tendiert zum Sucher (Mutter)
- fürchtet den Richter (Großvater)
- beargwöhnt den Vermittler (Enkel)

Werden die Qualitäten des Abenteurers zu lange unterdrückt, oder treten zum Beispiel durch Drogen, Medikamente bzw. Alkohol körperliche Vergiftungen ein, so führt dies zur Schwächung der Leber, die in der chinesischen Medizin dem Element Holz zugeordnet ist. Auch anstrengende und konstante Beanspruchung des Holz-Qi führen zu einem Mangel.

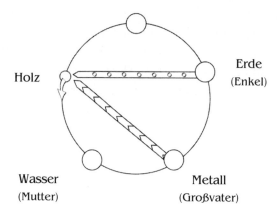

Der Abenteurer mit mangelndem Holz-Qi tendiert zum Sucher

Der Abenteurer in einer Phase der Schwäche nimmt Verbindung zu den Eigenschaften seines Mutterelements Wasser auf. Wo er sonst seine Energie nach außen richtet, zieht er sich zurück, verbringt viel Zeit allein, denkt nach, liest und studiert. Seine Passion gilt der Suche nach den Ursachen seines Zustandes und der Wahrheit hinter den Kulissen. Er rätselt über Lösungen und hinterfragt seine Impulse: Kann man sich Unabhängigkeit wirklich erkämpfen, oder ist der Mensch ursprünglich nicht sowieso auf sich gestellt? Sind die Herausforderungen der Welt wirklich das Ziel des Lebens?

Zähigkeit ersetzt jetzt die rohe Kraft des Holzes, Willensstärke und Selbstgenügsamkeit springen ein für Enthusiasmus und Leidenschaft.

Ist seine Erschöpfung sehr groß, überschatten die Yin-Kräfte des Wassers sein Holz-Qi. Er wird träge, depressiv und untätig und erhofft sich durch Ausharren die Lösung seiner Probleme.

Der Abenteurer mit mangelndem Holz-Qi fürchtet den Richter

Der Abenteurer in einer Schwächeperiode fürchtet den Anspruch des Richters nach perfekter Meisterschaft und Reinheit aller Handlungen. Er fühlt sich unfähig, den genauen Maßstäben seines Großvaterelementes gerecht zu werden. Schuld und schlechtes Gewissen sind nun die Gefühle, mit denen sich der Abenteurer auseinandersetzen muss.

Auch gelegentliche Wutausbrüche als Befreiungsversuch können nicht über den Verlust des Selbstwertgefühls des Abenteurers hinweghelfen. Er fürchtet die emotionale Härte und die Vernunft des Richters, seine Urteile, die ihn zu vernichten drohen. Wie ein Fluss im geradlinigen Kanalbett hat er seine Lebendigkeit verloren.

Wenn der Abenteurer zu schwach wird, kann ihn das Metall-Qi sogar zerstören. Mit hängenden Schultern, wie ein Häuflein Elend, traurig, mutlos und gehemmt hält er an einer Moral fest, die ohne Lebenssaft ist. Die Härte des Metalls lässt die sonst so geschmeidigen Bewegungen des Holzes eckig und roboterhaft werden.

Holz-Element-Kinder, die in Familien mit starken Metall-Anteilen aufwachsen, sind oft geprägt vom verlorenen Kampf des zu schwachen Holzes gegen die übermächtige Reglementierung und Disziplin des Richters. In ihrer Kreativität und ihrem natürlichen Ausdruck von Ärger gebremst, verkümmert ihr Potential.

Der Abenteurer mit mangelndem Holz-Qi beargwöhnt den Vermittler

Abenteurer in Leere sind bei jeder Einflussnahme des Erd-Qi argwöhnisch. Wenn sie Tendenzen verspüren, zu langsam zu werden, sich zu lange zu Hause aufzuhalten, harmoniesüchtig zu sein oder einem guten Essen zu viel Bedeutung beizumessen, wird ihnen das suspekt. Ihre Alarmglocken klingeln, wenn sie an Gewicht zulegen, wenn sie zu manipulieren versuchen, anstatt sich durchzusetzen, wenn sie sich um Details kümmern, anstatt das Ziel im Auge zu behalten.

Obwohl sie den Tendenzen der Erd-Energie misstrauisch gegenüberstehen, haben sie in dieser Phase nicht die Kraft, sie erfolgreich in Schach zu halten. Es entstehen Konflikte zwischen dem Wunsch nach Abenteuer und Stabilität, Wechsel und Kontinuität, Aktivität und Passivität, Spontaneität und Unentschlossenheit.

Der Magier im Zusammenspiel der Elemente

Kraftvolles oder übermäßiges Feuer-Qi

- tendiert zum Vermittler (Kind)
- idealisiert den Sucher (Großvater)
- lehnt den Richter (Enkel) ab

Wenn das Qi des Magiers zu wenig Möglichkeiten findet, um sich auszudrücken, neigt es dazu, nach oben zu steigen und sich als Hitze im Kopf zu sammeln. Es kommt zu einem Übermaß im Element Feuer.

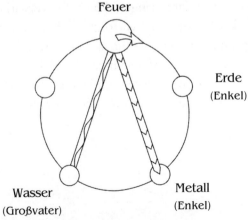

Der Magier mit kraftvollem oder übermäßigem Feuer-Qi tendiert zum Vermittler

Das Feuer-Qi sucht einen Weg, sich auszudrücken und benutzt dafür nach dem Schöpfungszyklus die Qualitäten seines Kindelements Erde, um mehr Feuer in Asche zu verwandeln (siehe Seite 162ff.).

Der Magier wirkt dann wie ein Vermittler, seine Selbstbezogenheit macht dem Bild der großen Einheit aller Menschen Platz. Nicht mehr die Erfüllung seines eigenen Potentials steht im Mittelpunkt. Er will der gesamten Menschheit zur Verwirklichung ihrer Träume verhelfen. Die Harmonie untereinander wird zur Vision erhoben. Manchmal versucht der Magier, alte Traditionen zum Leben zu erwecken und ihnen seinen heißen Lebensatem einzuhauchen.

Mit Leichtigkeit knüpft er Kontakte, um große familiäre Verbände, Gemeinschaften und Vereine zu gründen. Er sucht nach festem Boden für seine Vision, er will Gott auf den Marktplatz bringen. Die Selbstverwirklichung, die er als höchstes Ziel verfolgte, indem er sich selbst zu vervollkommnen suchte, wandelt sich. Er erkennt das Dienen für die Menschheit als höchste Erfüllung und begrüßt sein früheres, applaudierendes Publikum demütig als seine Brüder und Schwestern.

Der Magier mit kraftvollem oder übermäßigem Feuer-Qi idealisiert den Sucher

Nach dem Kontrollzyklus (siehe Seite 166f.) begrenzt das Wasser-Qi die Energien des Feuers. Der Magier idealisiert die Qualitäten seines Großvaterelements Wasser, um sein loderndes Feuer zu zügeln.

Nun bewundert er die Ruhe und Einfachheit des Suchers. Der Eremit in seiner Unkompliziertheit und Aufrichtigkeit zieht ihn an. In dessen Stille sieht er die Kraft des Wassers, die den harten Stein besiegt.

Manchmal schämt sich der Magier seiner Oberflächlichkeit und Extrovertiertheit, seiner Unersättlichkeit nach Zustimmung und Aufmerksamkeit und seiner Vergnügungssucht. Er weiß um die Kurzlebigkeit seiner Schwärmereien und um das Strohfeuer seiner Begeisterung. Er erkennt, dass seine Redseligkeit nicht mit der Weisheit des Suchers mithalten kann.

In diesem Moment wünscht er sich, so zu sein wie der Sucher: in seinem Yin ruhend, aufnehmend wie dichter, schwarzer Samt, der alle Geräusche dieser Welt schluckt. In den Höhenflügen seiner Träume wünscht er sich, in die Urtiefen seiner Seele zu tauchen.

Der Konflikt zwischen den inneren Kräften des Feuers und denen des Wassers spiegelt sich oft in Partnerschaften wider. Magier im Übermaß fühlen sich häufig von Partnern angezogen, die über Wasserqualitäten verfügen. Ist der Partner mit diesen Qualitäten versehen, versucht der Magier, ihn in die Rolle des ruhigen, feinfühligen und aufrichtigen Suchers zu drängen.

Der Magier mit kraftvollem oder übermäßigem Feuer-Qi lehnt den Richter ab

In seiner übertriebenen Selbsteinschätzung empfindet der Magier Reinheit und Askese bzw. Ordnung und Korrektheit als Ausdruck von Lebensfeindlichkeit, als Rigidität und Langeweile. Die Kontrolle und Bewertungstendenzen des Richters sind ihm ein Dorn im Auge. Seine Reserviertheit und Disziplin erlebt der Magier als schneidend und verletzend für sein überschwängliches Lebensgefühl. In seiner Überheblichkeit macht sich der Magier gern über das steife Benehmen des Richters lustig.

Seine Visionen sollen sich über alle Gesetze, Regeln und moralischen Grundsätze des Richters hinwegsetzen. Er will in grandioser Faszination seiner eigenen Fähigkeiten vorhandene Grenzen auflösen und Widerstände dahinschmelzen lassen.

Verliebte beispielsweise sind manchmal so sehr im Überschwang ihres Feuers, dass es ihnen völlig egal ist, was die Umgebung von ihnen denkt. Gerade auch junge Leute in der Feuer-Phase ihres Lebens möchten ohnehin am liebsten sämtliche Regeln gesellschaftlichen Umgangs über Bord werfen. Dabei sind Menschen in der Metall-Phase ihres Lebens, nämlich des beginnenden Alters und mit festen Grundsätzen, besondere Zielscheiben ihrer Attacken. Ob als Rock 'n' Roller, als Hippie oder als Punker – die diebische Freude, die ältere Generation zu schocken, spielt stets eine wichtige Rolle. Dabei steht nicht die Rebellion – wie beim Abenteurer –, sondern der Spaß an der Selbstdarstellung und die Überheblichkeit im Mittelpunkt. In den sechziger Jahren machte ein Spruch in Studentenkreisen die Runde, der diese Ablehnung aller bisherigen sittlichen Regeln aufzeigt: »Wer zweimal mit derselben pennt, gehört schon zum Establishment.«

Mangelndes Feuer-Qi

- tendiert zum Abenteurer (Mutter)
- fürchtet den Sucher (Großvater)
- beargwöhnt den Richter (Enkel)

Eine Überbeanspruchung des Feuer-Qi führt – wie eine zu hoch gedrehte Flamme einer Öllampe zu Ölknappheit – zu einem Qi-Mangel und damit zur Abnahme körperlicher und geistiger Kräfte im Element Feuer. Auch fehlende Regeneration, beispielsweise durch Schlafmangel, kann diesem Zustand vorausgehen.

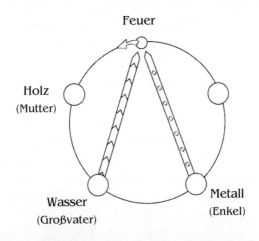

Feuer

Holz
(Mutter)

Wasser
(Großvater)

Metall
(Enkel)

Der Magier mit mangelndem Feuer-Qi tendiert zum Abenteurer

Der Magier in einer Schwächephase greift auf die Qualitäten seines Mutterelements Holz zurück, um sein Feuer zu stärken.

Ein Magier, dessen charismatisches Feuer auf Sparflamme brennt, will sich seinen Erfolg durch die Fähigkeiten des Abenteurers holen. Er arbeitet, handelt, kämpft und will sich mit Macht das erobern, was ihm sonst mit Leichtigkeit in den Schoß fällt. Er bewundert Durchsetzungsvermögen und initiiert Projekte, bei denen er dann aber nicht genug Kraft aufbringt, um sie wirklich durchzuführen.

Qualitäten des Abenteurers ersetzen nun die Qualitäten des Magiers: Kraft statt magnetische Anziehung, Forderungen statt Charisma, riskante Aktionen statt Intuition. Manchmal wird er sogar aggressiv und gereizt, handelt zornig oder impulsiv.

Wenn die Blütezeit des Lebens, die Feuer-Phase, überschritten ist, in der sich durch den frischen Charme des unbekümmerten, jungen Erwachsenen mühelos alle Türen öffnen, versuchen so manche, das Feuer durch abenteuerliche Unternehmungen, Sport und Ausspielen von Macht wieder anzufachen. Die Fitness-Studios sind gefüllt mit Menschen, die sich in schweißtreibender Muskelarbeit und Anstrengung (Handeln und Hanteln) das wieder zu holen versuchen, was einem die Natur in der Feuer-Phase quasi gratis mitgab: straffe Haut, knakkiges Aussehen, guter Muskeltonus und Optimismus.

Der Magier mit mangelndem Feuer-Qi fürchtet den Sucher

Magier, die ihre Kraft vermissen, fürchten die Ehrlichkeit und Ernsthaftigkeit, mit der ein Sucher die Realität begreift. Zu viel Wasser kann die zu schwachen Feuer-Qualitäten auslöschen. Unter dem unbarmherzigen Licht der Wahrheit wird sich der Magier seiner Zaubertricks bewusst, mit denen er sein Publikum fasziniert. Er verliert seine spielerische Lebensfreude, wird ernst und sein Feuer verlischt. Die Trägheit und Ruhe des Wassers empfindet der geschwächte Magier als bedrohlich.

Je mehr er an Wärme verliert, umso schwerer wird es ihm fallen, das Wasser mit seiner Leichtigkeit anzustecken – es zu verdampfen. Er fürchtet, in die Tiefen der Psyche einzutauchen und dort so viel an Schwung und Dynamik zu verlieren, dass er nie mehr zur Oberfläche auftauchen kann.

Mit dem Raum, den zu geben der Natur des Suchers entspricht, kann ein energieloser Magier nichts anfangen. Er verliert sich darin. Statt Kontakt, Kommunikation und Intimität mit anderen Menschen erfährt er nun die Leere und Kälte des Alleinseins. Der Mangel an menschlichem Austausch und Wärme verängstigt und verwirrt den Magier. Er fühlt sich getrennt von allem, was ihm lieb ist, zweifelt an seinem Wesen und verzweifelt an der Welt.

Der Magier mit mangelndem Feuer-Qi beargwöhnt den Richter

Ein energieloser Magier kann die eigenen Metall-Qualitäten nicht mehr in Schach halten und kontrollieren. Für alle intuitiven Fähigkeiten glaubt er, rationale Erklärungen finden zu müssen. Er verteidigt seine Art zu leben und glaubt, sie wäre die einzig richtige. Tief in seinem Inneren weiß er jedoch, dass gerade das, was er da abschirmen will, auf wackligen Beinen steht.

In sich und auch bei anderen beobachtet der geschwächte Magier nun argwöhnisch die Ordnungsliebe und Moral des Richters, da sie seine Spontaneität, Lust und Sinnlichkeit einzuschränken drohen. Manchmal versucht er aber auch, mit den Qualitäten des Metalls zu verschmelzen. Dann verwandelt er sich zur schönen, aber bewegungslosen Maske, um sich bewundern zu lassen und sucht die Erfüllung über Ästhetik und Schönheit. Kunst wird zur Begierde seines Lebens.

Der innere Kampf zwischen den Wesenszügen von Feuer und Metall zeigt sich unter anderem im Setzen von Grenzen bei gleichzeitiger Sehnsucht nach deren Auflösung, in plötzlichem Stimmungswechsel von Euphorie und Melancholie, im Verurteilen der eigenen Sinnlichkeit und Lust oder im Aufrechterhalten einer harten Schale zum Schutz des weichen und zerbrechlichen Kerns.

Der Vermittler im Zusammenspiel der Elemente

Kraftvolles oder übermäßiges Erde-Qi

- tendiert zum Richter (Kind)
- idealisiert den Abenteurer (Großvater)
- lehnt den Sucher (Enkel) ab

Wenn das Qi des Vermittlers nicht im Fluss von Geben und Nehmen ist, neigt es in seiner Trägheit dazu, zu stagnieren. Es sammelt sich an und erscheint als Übermaß im Element Erde.

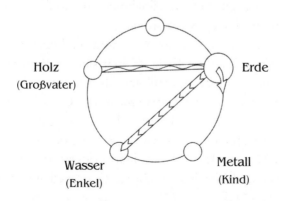

Der Vermittler mit kraftvollem oder übermäßigem Erde-Qi tendiert zum Richter

Das Erde-Qi in Fülle versucht, seine Masse zu verringern und benutzt dafür nach dem Schöpfungszyklus die Qualitäten seines Kindelements Metall. Der Prozess der Konzentration von Erde zu Metall wird damit beschleunigt (siehe Seite 159).

Der Vermittler kombiniert nun seine Stärken mit denen des Richters. Sein Engagement für sein soziales Umfeld, sein Netzwerk der Liebe wird organisiert. Es beschränkt sich jetzt nicht mehr nur auf persönliche Kontakte, sondern dehnt sich aus auf Bereiche, in denen er distanziert, ohne persönlichen Kontakt von Mensch zu Mensch, Gutes tut.

Die Zuwendung in diesem förmlichen Rahmen ist gerecht und gleichmäßig verteilt. Notwendigkeiten der Vernunft ersetzen einzelne Präferenzen, die sonst durch persönliche Nähe entstehen. Viele Hilfsorganisationen haben diese Entwicklung durchgemacht. Sie entstanden aus menschlicher Anteilnahme und entfalteten sich dann zu effektiven Strukturen.

Auch das Traditionsbewusstsein und die konservative Grundeinstellung der Erde ergänzt sich großartig mit den klaren Wertmaßstäben des Metalls. Das Dienen und die Erhaltung der Harmonie in der Gemeinschaft wird nun zur obersten Maxime erhoben. Zu geben, sich aufzuopfern für andere oder für Ideale werden zu moralischen Werten. Diese Kombination der Grundwerte von Erde und Metall kann aber auch bisweilen so ausgeprägt sein, dass Geben und Beschützen die Eigeninitiative der Betroffenen unterbindet.

Der Vermittler mit kraftvollem oder übermäßigem Erde-Qi idealisiert den Abenteurer

Der Vermittler in seiner Fülle neigt zu Trägheit und Lethargie. Wie »Puh der Bär« sitzt er zufrieden auf der Veranda und schleckt einen Honigtopf nach dem anderen aus. In seiner Statik und Unbeweglichkeit idealisiert er die Qualitäten des Abenteurers. Wie gern wäre er manchmal der furchtlose Odysseus, der von seiner Abenteuerlust getrieben durch die Weltmeere segelte! Er träumt in seiner Hängematte von mutigen Taten, heroischen Auftritten und atemberaubenden Liebesabenteuern. Der Abenteurer wird sein Held und sein Erlöser.

Der Vermittler weiß, dass Aktivität und Bewegung, körperlich wie geistig, sein Phlegma beenden könnten. Sein Geist ist willig, doch sein Fleisch ist schwach.

Nach den Gesetzen des Kontrollzyklus (siehe Seite 166f.) begrenzt das Holz-Qi die ausufernden Eigenschaften des Erde-Qi. Impulsivität, Leidenschaft, Eigeninteresse und zielgenaue Planung vertreiben Schwermut, Tatenlosigkeit und Kummerfalten. Der Vermittler, der unter dem Helfersyndrom leidet, könnte einen Schuss gesunden Egoismus gut vertragen.

Gleichwohl erlebt er immer wieder, wie seine guten Vorsätze in der Kreisbewegung seines Denkens stecken bleiben. Wie bei einer Schallplatte mit einem Kratzer hört er stets denselben Text: »Ich muss joggen gehen. Ich sage allen meine Meinung. Morgen steh ich früh auf und dann ...«

Vermittler, die trotz guter Vorsätze ihre eigenen Holzqualitäten nicht aktivieren können, sollten Abenteurer aus ihrem weiten Freundeskreis um Unterstützung bitten. Denn ein Abenteurer weiß genau, wie er eine träge Erde zum Laufen bringt.

Der Vermittler mit kraftvollem oder übermäßigem Erde-Qi lehnt den Sucher ab

Ein starker Vermittler erkennt in den Wasser-Qualitäten Eigenschaften, die seinem Wunsch nach sozialem Kontakt widersprechen. Der Sucher ist ihm zu unabhängig, zu introvertiert und eigen. Die Versuche des Vermittlers, die Menschen zu sicheren, sozialen Netzwerken zu verknüpfen, prallen an der Angst des Suchers vor Entblößung und Eingriffen in seine Privatsphäre ab. Der Vermittler will gebraucht werden, und der Sucher braucht niemanden. Alle Versuche, ihn zu manipulieren, versinken wie ein Angelhaken in der Tiefe des Wassers, ohne dass der Fisch am ausgelegten Köder anbeißt.

Solche selbstgenügsamen Menschen sind dem Vermittler unheimlich. Denn insbesondere die Familie mit ihren wechselseitigen Abhängigkeiten und Verpflichtungen ist ihm heilig. Der Vermittler glaubt zu wissen, was der Sucher braucht, der aber will es nicht haben. Diese Zurückweisung endet nach einer Phase der ständigen

Einmischung in die Angelegenheiten des Suchers in dessen Ablehnung. Das ernsthafte, kritische und beobachtende Verhalten des Suchers verurteilt er nun als schädigend für die Harmonie seiner Großfamilie.

In der eigenen Psyche lehnt der Vermittler Tendenzen ab, die zu stark seine gemütliche und sichere Welt in Frage stellen könnten. Phasen des Zweifels bedeckt er lieber mit einem Bekenntnis zu traditionellen Werten.

Mangelndes Erde Qi

- tendiert zum Magier (Mutter)
- fürchtet den Abenteurer (Großvater)
- beargwöhnt den Sucher (Enkel)

Genügende Aufnahme von Qi, ob als Nahrung oder als emotionale Zuwendung, bestimmen die körperliche und geistige Kraft des Vermittlers.

Wer nichts hat, der kann auch nichts geben. Mangelnde Aufnahme führt zu einem Defizit an Erde-Qi.

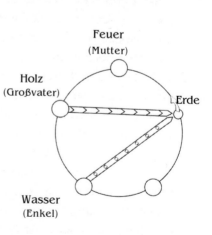

Feuer
(Mutter)

Holz
(Großvater)

Erde

Wasser
(Enkel)

Der Vermittler mit mangelndem Erde-Qi tendiert zum Magier

Während einer Schwächephase greift der Vermittler auf die Qualitäten seines Mutterelements Feuer zurück, um sich zu stärken. Er stimuliert sich über äußere Reize, besucht Kino, Theater und Konzerte. Humor und angeregte Unterhaltungen bringen ihm die Wärme, die er vermisst.

Die von ihm zubereiteten Mahlzeiten verwandeln sich plötzlich von der reinen Versorgung mit Nährstoffen zu aufregenden Kreationen. Neue Gerichte, exotische Gewürze bereichern den Speiseplan und heben die Stimmung. Ernährung wird nun zum kulturellen Ereignis. Er zelebriert es wie eine Theateraufführung.

In dieser Phase lässt der Vermittler die ein wenig langweiligen Erdfarben seiner Garderobe im Kleiderschrank hängen und wählt bunte, auffällige Kleider mit sinnlicher, erotischer Ausstrahlung.

Auch langjährige Beziehungen, die im Alltagstrott abstumpfen oder in der gemütlichen Eckcouch zu verstauben drohen, lassen sich durch die Rückbesinnung auf die Qualitäten des Feuers wiederbeleben. Der Zauber einer exotischen Reise oder die Vision einer neuen Sinngebung fürs Leben können den Pulsschlag eingeschlafener Partnerschaften beschleunigen. Manchmal ist es auch der Paukenschlag eines Seitensprunges mit Eifersucht und theatralischen Szenen, die erneut Feuer in die Beziehung bringen. Wo nur noch gemütliches Kuscheln Platz hatte, ist plötzlich Intimität und Verführung wieder Thema.

Gelegentliche Feste mit viel Ausgelassenheit sind im Erde-Element seit jeher Bestandteil guter Gemeinschaften und Familien. Dabei darf es ruhig mal heiß hergehen, dürfen Alkohol, Musik und Tanz die Stimmung ankurbeln. Zusammenhalt und Harmonie, die wichtigen Bestandteile der Erde, werden dadurch gefestigt.

Der Vermittler mit mangelndem Erde-Qi fürchtet den Abenteurer

Dem geschwächten Vermittler machen die Qualitäten des Abenteurers Angst. Die Energie des Holzes fordert auf, zu handeln und sich nicht aufhalten zu lassen. Diese Aufforderung zu ständig neuen Zielen verunsichert die Erde in ihrem Wunsch nach Stabilität. Der energielose Vermittler zaudert und zögert und fühlt sich von der kraftvollen Leidenschaft des Abenteurers vollkommen überrannt.

Gleichzeitig spürt er die Verachtung des Holzes für sein unterwürfiges und zielloses Verhalten. Dies verstärkt seine Labilität und Unsicherheit. Denn auch der Vermittler spürt in seinem Inneren den Anspruch zu handeln, um nicht in Lethargie zu versinken. Zur gleichen Zeit nimmt er seine Kraftlosigkeit wahr, neue Schritte mit Dynamik bis zum Ende durchzuziehen.

Das Wissen um die eigene Mut- und Antriebslosigkeit ist nicht selten die Basis für Depression und Suchtverhalten, um diese innere Spannung zu überdecken.

Der Vermittler mit mangelndem Erde-Qi beargwöhnt den Sucher

Der kraftlose Vermittler verliert den Boden unter den Füßen, wenn er mit dem Wesen des Wassers konfrontiert wird. Mit lauter Eremiten lässt sich keine Gemeinschaft aufbauen. Der Individualismus des Suchers paßt nicht in das gesellige Weltbild des Vermittlers. Um vermitteln zu können, braucht man Menschen, die sich vermitteln lassen wollen. Der Sucher jedoch benötigt Zeit, um sich für andere Menschen zu öffnen. Diese Zeit kann ihm der energielose Vermittler nicht geben. Denn bei mangelndem Erde-Qi klammert er und bedarf der ständigen Bestätigung, dass er gebraucht wird. Gerade das jedoch veranlasst den Sucher, sich noch weiter zurückzuziehen. Es ist das wohl bekannte Spiel in Beziehungen zwischen dem Abhängigen und dem Unabhängigen.

Ein Vermittler, der in sich ruht, kann allen Fünf Elementen ihren Platz zur eigenen Entfaltung lassen, auch dem in sich gekehrten Sucher. Ein energieloser Vermittler jedoch ist dazu nicht in der Lage.

Fühlt sich der Vermittler in seinem Element schwach, so kann der Einfluss der eigenen Wasser-Energie die verbliebene Stärke so weit aufweichen, dass er seine innere Struktur nicht mehr aufrechtzuerhalten vermag. Er verliert den inneren Zusammenhalt und damit sein bodenständiges Wesen. Wie ein Klumpen Erde löst er sich im Wasser auf. In dieser Situation wirkt der Vermittler zerstreut, orientierungslos und wie benebelt.

Eine bleierne Schwere zieht ihn nach unten (die Richtung des Wasser-Qi) und macht jede Bewegung zur Qual.

Der Richter im Zusammenspiel der Elemente

Kraftvolles oder übermäßiges Metall-Qi

- tendiert zum Sucher (Kind)
- idealisiert den Magier (Großvater)
- lehnt den Abenteurer (Enkel) ab

Wenn das Qi des Richters, wie beim regelmäßigen Atmen, nicht in seinen gewohnten Bahnen fließen kann, staut es sich an. Es sammelt sich im Brustkorb, verhärtet und blockiert so den freien Energiefluss. Es kommt zu einem Übermaß an Metall-Qi.

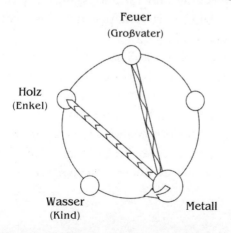

Feuer
(Großvater)

Holz
(Enkel)

Wasser
(Kind)

Metall

Der Richter mit kraftvollem oder übermäßigem Metall-Qi tendiert zum Sucher

In der Sichtweise der chinesischen Medizin arbeiten das Qi des Metalls und des Wassers zusammen. Metall konzentriert das Qi und richtet es nach innen. Das Wasser wiederum greift das Qi des Metalls und zieht es nach unten, um es in seinem innersten Kern zu verankern. In den Atemschulen weiß man um die praktische Anwendung des gerade erwähnten Vorgangs: Kraftvolles Atmen (Metall) sollte in den Beckenboden fließen, um – nach dem Schöpfungszyklus (siehe Seite 162ff.) – das Wasser zu nähren, welches dort seinen Sitz in den Nieren hat.

Der Richter im Übermaß übernimmt Wesenszüge und Lebensziele des Suchers und kombiniert sie mit seinem ureigenen Verhalten und Absichten. Das heißt, er forscht mit Zähigkeit und Ausdauer nach den wahren Ursachen und setzt seine Präzision und Methodik ein, um den Dingen auf den Grund zu gehen. Bescheidenheit, Zurückhaltung und Emotionslosigkeit erhebt er nun zum Prinzip, paart Disziplin mit Ausdauer und schafft so neue Maßstäbe.

Er strebt danach, sich mit Themen auseinanderzusetzen, die in unserer Gesellschaft eher im Abseits stehen, wie zum Beispiel Tod und Wiedergeburt. Die höchste Moral, die reinste Ethik erkennt der Richter in der Konfrontation mit Vergänglichkeit und Sterben. Typisch für ihn ist, dass er zu diesen Fragen Aufklärungsarbeit leistet, indem er Bücher darüber schreibt oder entsprechende Seminare dazu veranstaltet.

Die Perfektion und Makellosigkeit des Geistes, die der Richter anstrebt, findet in der kargen Zeit des Winters seine größte Herausforderung durch das Fehlen äußerer Ablenkung. Alle Religionen und spirituellen Wege kennen Prüfungen innerer Stärke durch den völligen Rückzug in sich selbst – oftmals begleitet von äußerer, totaler Isolation. Der Indianer Nordamerikas zieht sich zur Visionssuche in die Berge zurück, der taoistische Mönch verbringt Tage oder Wochen in einer Höhle, um seinen »inneren Diamanten« zu finden. Mit dem Prinzip der Leidenschaftslosigkeit erfasst der Adept die Reinheit seiner inneren Werte und strebt die wahre Meisterschaft über seine Gefühle und Gedanken an.

Im Zen-Buddhismus begegnen wir dieser machtvollen Kombination von kleinem und großem Yin: Metall und Wasser. Die eiserne Disziplin, Korrektheit und Einfachheit paart sich mit der willensstarken Suche nach der Wahrheit. Hier erkennt der Richter die absolute Schönheit und Ästhetik des Seins in Abgeschiedenheit und Stille. Im samtenen Schwarz der Dunkelheit oder in der Reinheit des Kristalls – in beidem findet der Richter die Perfektion der Schöpfung. Die göttliche Ordnung als höchste Instanz löst die erlernten Richtlinien der Metall-Persönlichkeit ab.

Der Richter mit kraftvollem oder übermäßigem Metall-Qi idealisiert den Magier

Wenn der Richter unter seiner übertriebenen Metall-Energie leidet, schätzt und bewundert er die Fähigkeiten des Magiers. Unter der wärmenden Zuwendung, der Nähe des Feuers schmilzt sein rigider Panzer (siehe auch Kontrollzyklus, Seite 166f.). Der Richter kann sich wieder entspannen, öffnen und freier durchatmen. Denn das Talent des Magiers ist es ja, scheinbare Extreme als die zwei Seiten einer Münze erscheinen zu lassen. Die Einheit übertrumpft die trennenden Gegensätze.

Der Humor eines Magiers ist ansteckend, seine Redegewandtheit löst die steife Zunge, seine Leichtigkeit beschwingt und hellt die melancholische Seele des Richters auf. Denn er weiß, er wäre gern mehr auf der lebensfrohen Seite wie der Magier und könnte somit die Dominanz seines kontrollierenden Verstandes brechen. Mancher Richter mit zu viel Metall neigt dazu, sich mit Alkohol zu stimulieren, um diese gelockerte Stimmung zu erlangen. In solch einer Gemütslage bewundert er beispielsweise – in einer Mischung von Melancholie und sentimentaler Verbundenheit mit der Welt – den Charme und das Charisma einer französischen Chansonsängerin und lässt sich für ein paar Stunden verzaubern.

Der Richter mit kraftvollem oder übermäßigem Metall-Qi lehnt den Abenteurer ab

Der hinter der metallenen Rüstung des Richters verborgenen sensiblen Seele ist der Abenteurer zu grob, ungehobelt und egoistisch. Sie findet die Sprache zu laut, die Farben zu grell, das Benehmen zu kindisch und begegnet dem Abenteurer mit Kopfschütteln und Ablehnung.

Dem rebellischen, trotzigen und aufmüpfigen Charakter des Holz-Elements steht der vernünftige und beherrschte Richter wie ein strenger Vater gegenüber. Er weiß, was richtig ist, und duldet daher keinen Widerspruch.

Auch die eigenen emotionalen Hochs und Tiefs verurteilt der Richter auf diese Weise. Wie bei anderen Menschen, so steht er seinen kreativen – als chaotisch erlebten – Impulsen und Gefühlen skeptisch gegenüber. Der Kontrollzyklus (siehe Seite 166f.) verstärkt die ohnehin schon starken Tendenzen des Metalls, zu kontrollieren. »Unsinnig, auf Kosten anderer, egoistisch, maßlos, ungehörig« lauten die Urteile des Richters, wenn es um die Qualitäten des Holz-Qi geht.

Mangelndes Metall-Qi

- tendiert zum Vermittler (Mutter)
- fürchtet den Magier (Großvater)
- beargwöhnt den Abenteurer (Enkel)

Wenn das Qi des Metalls, beispielsweise durch lange andauernde Trauer- oder Kummerphasen, ausgelaugt wird, kommt es zu einem Mangel. Auch körperliche Fehlhaltungen, die den Brustkorb einschnüren und damit die Atmung einschränken, können das Qi des Metalls schwächen.

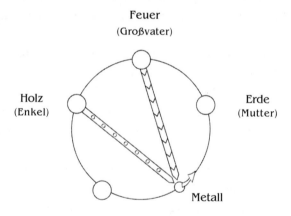

Der Richter mit mangelndem Metall-Qi tendiert zum Vermittler

Der Richter mit einer Qi-Schwäche im Metall erinnert sich an das umsorgende Energiefeld seines Mutterelements Erde. Deshalb kultiviert er Aktivitäten und Qualitäten des Vermittlers in sich selbst, um wieder zu Kräften zu kommen, unter anderem auch: ausgedehnte Fernsehabende mit Süßigkeiten und Seifenopern, gemütliches Faulenzen und stundenlanges Telefonieren. Er sehnt sich nach alten Zeiten zurück, in denen eine sichere Versorgung durch das Elternhaus gewährleistet war, und besinnt sich auf Regeln und Werte, die damals sein Leben strukturierten. Richter erleben in Not- oder Krisenzeiten das Aufsteigen von Wertvorstellungen, die sie schon längst hinter sich gelassen glaubten. Die Familie wird wieder als Kern der Ordnung gesehen, das mütterliche Prinzip der Versorgung als höchstes Gut.

Manchmal missbraucht er in dieser Phase sogar seinen Partner als Ersatz für Mami oder Papi. Dieses Verlangen nach Fürsorge geht bisweilen so weit, dass er Krankheiten erzeugt, um in den Genuss der Krankenpflege zu kommen.

Ein energieloser Richter verliert sein klares Urteilsvermögen und die Präzision seiner Unterscheidungsfähigkeit. Er nimmt Wesenszüge des Vermittlers an: diplomatisch, bauernschlau, bisweilen sogar opportunistisch, nachgiebig bis hin zu formlos, nett und freundlich bis hin zu schöntuend. Das sonst so korrekte Auftreten des Richters lässt nach, er wird zerstreut, behäbig und manchmal sogar nachlässig. Dann sieht man den sonst so mustergültig gekleideten Richter in – für ihn ganz untypischen – ausgebeulten Jogginghosen zur Bäckerei schlurfen, um sich für das Wochenende mit Lebkuchen einzudecken.

Der Richter mit mangelndem Metall-Qi fürchtet den Magier

Wenn die Festigkeit seiner Urteile, seine Fähigkeit zur deutlichen Abgrenzung nicht mehr gegeben ist, fürchtet der Richter das Feuer. Er hat Angst, dass sich seine Grundsätze auflösen und er ohne feste Struktur dasteht. Durch die metallene Rüstung schützt er seine Sensibilität. Im Feuersturm der Emotionen fürchtet er jedoch, seine Zartheit nicht mehr schützen zu können. Wenn das Feuer der Leidenschaft ausbricht, zittert der Richter um seine verbliebene Stärke.

Dasselbe Feuer, welches das feste Metall formt und flexibel macht, schmilzt das schwache Metall zur unkenntlichen, formlosen Flüssigkeit. Das Talent des Richters, Situationen zu erkennen und zu beurteilen, weicht nun sprunghaftem Verhalten und ständigem Wechsel der Maßstäbe. Schutzlos fühlt er sich den Verführungskünsten und dem Charme des Magiers ausgesetzt oder auch seinen eigenen innersten Phantasien. Wie die Walnussschale auf dem Ozean werfen ihn die Wellen der Begeisterung von einer Seite zur anderen. Das macht ihm Angst.

Zu viel Qi des Feuers trocknet den Richter außerdem aus. In der Nähe des Magiers verstärkt sich die spröde, sachliche Art des Richters, bis nur noch eine Hülle von ihm zurückbleibt. Und diese Leere und Wertlosigkeit ängstigen ihn natürlich ebenfalls.

Der Richter mit mangelndem Metall-Qi beargwöhnt den Abenteurer

Wenn die Machete stumpf geworden ist, kann sie den Weg durch den Urwald nicht bahnen. Die mangelnde Trennschärfe des Richters wird dem Chaos der Gedanken und Impulse, der neuen Ideen und Projekte der Holz-Energie nicht mehr Herr. Da die Kraft der Konzentration zu schwach geworden ist, um die expansive Kraft des Abenteurers auszugleichen, kippt die innere Waage von Yin und Yang zugunsten des Holzes. Der Richter fühlt sich von der geballten Heftigkeit des Abenteurers überrannt und bombardiert. Er verkraftet dessen Unberechenbarkeit und Widersprüche nicht, da er sie nun nicht mehr einordnen kann.

Gewissenlosigkeit und Regelbrüche jedoch erschüttern das Denkgerüst des Richters. In seiner Qi-Schwäche resigniert er und trauert der guten alten Zeit nach. Bekümmert und geknickt, pedantisch und argwöhnisch allem Neuen gegenüber lebt er dann auf Sparflamme.

Der Sucher im Zusammenspiel der Elemente

Kraftvolles oder übermäßiges Wasser-Qi

- tendiert zum Abenteurer (Kind)
- idealisiert den Vermittler (Großvater)
- lehnt den Magier (Enkel) ab

Das Qi des Wassers braucht seinen Freiraum, um sich seinen eigenen Weg zu bahnen. Wird dieser freie Fluss nicht gewährt, staut sich Wasser an. Zu viel Wasser lähmt den gesamten Energiefluss des Körpers.

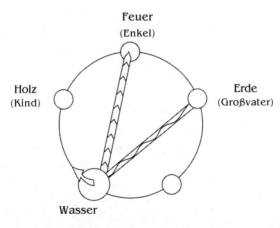

Feuer
(Enkel)

Holz
(Kind)

Erde
(Großvater)

Wasser

Der Sucher mit kraftvollem oder übermäßigem Wasser-Qi tendiert zum Abenteurer

Der Sucher, dessen Wasser überhand genommen hat, verstärkt nach dem Schöpfungszyklus (siehe Seite 162ff.) die Qualitäten des eigenen Holzes, um sein Qi wieder in Fluss zu bringen. Seine Neugier und Sehnsucht nach Wahrheit lassen ihn nicht nur nach innen schauen, sondern verbinden sie mit der expansiven Kraft des Holzes.

Die Wahrheit als ruhende Feststellung dient plötzlich als provozierendes Instrument, um Unwissenheit und Unbewusstheit aufzubrechen – sie entwickelt sich unter dem Einfluss des Holzes zur bewegenden Kraft. Mit absolutem Willen als Motor betreibt der Sucher nun aggressive Wahrheitssuche. Er weiß, was wahr ist, und will damit die Welt erobern. Seine Bereitschaft wächst, sich mit anderen über philosophische Themen zu streiten. Er verbindet Denken mit Instinkt, Genius mit Kreativität und Ruhe mit explosiver Kraft.

Solche Kombinationen bilden die Grundlage für das flammende Schwert mancher Missionare, die für ihre Wahrheit einstehen und kämpfen. Auch viele spirituelle Lehrer leben in dieser Kombination der Wasser- und Holz-Energie und wirken dadurch exzentrisch, geheimnisvoll und voller Widersprüche. Ihre Lehrmethoden sind unvorhersehbar, revolutionär und provozierend. Ihre Ausstrahlung pendelt zwischen tiefster, innerer Ruhe und der Wucht ihrer Leidenschaft für das Göttliche.

In menschlichen Beziehungen gibt es viele Beispiele für die Partnerschaften zwischen diesen beiden Persönlichkeitstypen, die trotz ihrer Verschiedenheit so großartig voneinander profitieren können.

Der Sucher mit kraftvollem oder übermäßigem Wasser-Qi idealisiert den Vermittler

Die übertriebenen Qualitäten der Wasser-Energie lassen den Sucher vereinsamen. Im extremen Pendelausschlag des Yin wird er verschlossen, verknöchert und ist wie gelähmt. Die Freundlichkeit, Geselligkeit und Weichheit des gemütlichen Vermittlers jedoch wirken wie Balsam auf die Seele des Suchers. Er wäre auch gern so erdverbunden und locker im Umgang mit anderen Menschen. Denn gerade diese Fähigkeit, mit Menschen so mühelos Kontakt aufzunehmen, ohne tiefgründige Beweggründe zu haben, imponiert dem scheuen und schüchternen Sucher.

Die Familie und der Freundeskreis heben seine Isolation auf, beenden sozusagen den inneren Winterschlaf. Die Erde-Qualitäten (siehe auch Kontrollzyklus Seite 166f.) lassen den Sucher vom Kopf zum Bauch rutschen, er kann genießen statt überlegen.

In Partnerschaften drängt der Sucher mit übermäßigem Wasser häufig seinen Partner in diese Rolle. »Nähre mich, unterstütze mich und hebe meine Isolation auf.«

Der Sucher mit kraftvollem oder übermäßigem Wasser-Qi lehnt den Magier ab

Der Sucher mit übermäßigem Wasser-Qi empfindet den Magier als oberflächlich, zu sehr mit dem Schein und der äußeren Erscheinung verhaftet. Die Tendenz des Magiers, aus allem ein kleines Drama zu machen, reizt den Sucher zu zynischen und sarkastischen Bemerkungen. Das Zurschaustellen der Gefühle und das momentane Hoch des Augenblicks ist zu vergänglich, als dass der Sucher dies ernst nehmen könnte.

Kopfschüttelnd wendet er sich wichtigeren Dingen zu. Er glaubt, dass unschuldige Freude oder Humor von der ernsthaften Aufgabe der Selbstverwirklichung ablenken. Er weiß, dass die Wahrheit, die Lösung und Erlösung im eigenen Selbst liegt und nicht in der Jagd nach äußerem Beifall und Anerkennung. Ein übertriebener Sucher verbannt deshalb alle ablenkenden Einflüsse des Elements Feuer aus seinem Leben.

Mangelndes Wasser-Qi

- tendiert zum Richter (Mutter)
- fürchtet den Vermittler (Großvater)
- beargwöhnt den Magier (Enkel)

D er Sucher, dessen Qi durch Überanstrengung, chronische Krankheiten oder mangelnden Schlaf und Erholungsphasen abgenommen hat, vermisst die Urkraft, die in seinen Nieren – dem Organ des Elements Wasser – seine Quelle hat.

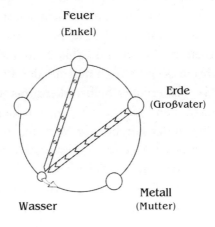

Feuer
(Enkel)

Erde
(Großvater)

Metall
(Mutter)

Wasser

Der Sucher mit mangelndem Wasser-Qi tendiert zum Richter

Der Sucher greift in einer Schwächephase auf die Qualitäten seines Mutterelements Metall zurück, um sich zu stärken. Wenn die Willensstärke und die Zähigkeit des Suchers abnehmen, stützt er sich auf Regeln und Strukturen, die sich auf seinem bisherigen Lebensweg bewährt haben. Er wünscht sich Korrektheit und Ordnung sowie Respekt vor den erreichten Leistungen.

Mit noch mehr Disziplin und Härte gegen sich selbst will er wieder zu seiner alten Kraft finden. »Halt die Ohren steif« und »Beiß die Zähne zusammen« lauten dann die Aufforderungen an sich selbst.

Wenn die Kraft zur Suche fehlt, ersetzt der Sucher Wahrheit mit Moral und Ethik. Statt auf unsichere Pilgerfahrten begibt er sich nun auf den Pfad der Tugend. Statt beschwerlicher Selbsterkenntnis und individueller Suche behilft er sich mit traditionellen, religiösen Ritualen in der Kirche, der Moschee oder im Tempel. Statt mit einem lebenden Meister zu lernen, begnügt er sich mit Büchern und Schriften.

Die meisten Religionen, die von der ursprünglichen Kraft eines lebenden Meisters lebten, versuchten, seine Lehre nach dem Ableben zu bewahren. Die verblassende Kraft des Meisters wurde Stück für Stück durch Rituale, Dogmen und moralische Prinzipien ersetzt.

Der Sucher mit mangelndem Wasser-Qi fürchtet den Vermittler

Ein Sucher, der in seinem eigenen Wesen kraftlos ist, fürchtet die Einmischungsversuche des Vermittlers. Denn dieser erkennt den Mitmenschen in Not und Schwäche und fühlt sich automatisch dazu berufen, zu helfen. In der Überzeugung, dass jeder Mensch zu seinem Glück eigentlich nur eines braucht, nämlich liebe Mitmenschen mit einem mütterlichen Herz, versorgt er den schwachen Sucher mit Kontakt und Gesellschaft. Der Vermittler führt den Sucher wie eine verlorene Seele in den Freundes- und Familienkreis ein und schildert dabei freimütig dessen Nöte. Damit entblößt er den Sucher, der sich in seiner geschwächten Lage nicht dagegen wehren kann. Die Entblößung gehört zu den gefürchteten Situationen im Leben eines Suchers.

Der Sucher, der seine Kraft verloren hat, fürchtet außerdem, manipuliert zu werden und in einem Beziehungsgeflecht von Verpflichtungen und Kompromissen zu landen. Er empfindet die Fürsorge des Vermittlers als erdrückend, klebrig und vereinnahmend. Die Quelle seiner Erholung – der Rückzug – scheint im sozialen Gefüge des Vermittlers nicht mehr möglich zu sein. Anstatt von der Erde genährt zu werden, fühlt er sich von ihr erstickt.

So, wie Erde die Fähigkeit besitzt, Wasser einfach aufzunehmen, verschwindet auch die Identität des Suchers in der Fürsorge des Vermittlers. In diesem Moment erlebt der Sucher seine größte Angst: sich aufzulösen und ausgelöscht zu werden.

Der Sucher mit mangelndem Wasser-Qi beargwöhnt den Magier

In einer Schwächephase blickt der Sucher mit Vorsicht auf die Qualitäten des Feuers. Denn ein Ungleichgewicht zugunsten des Feuers bedeutet in diesem Fall die Auflösung des Wassers in heißen Dampf.

Der Sucher hat deshalb Angst, wie die Maus der Schlange ausgesetzt zu sein. Dem Bann des Magiers erlegen, fürchtet der Sucher um die Existenz seiner Identität. Der Unterschied zwischen dem scheuen Sucher und dem wundervollen Magier ist zu groß. Er glaubt, neben ihm keinen Platz zu haben, und hegt den Argwohn, dass sein Wesenskern übersehen wird und die Wahrheit auf der Strecke bleibt.

Der Magier verpulvert in den Augen des kraftlosen Suchers wertvolle Reserven und vergeudet damit das mühsam angesparte Energiereservoir des Wassers. Er befürchtet die Verminderung seiner Lebensdauer, wenn er seinen spontanen Gelüsten nachgeht.

Der
Selbsterkennungstest

Warum ein Test?

Dieser Selbsterkennungstest vermittelt einen praktischen Einstieg in die Persönlichkeitstypen der Fünf Elemente.

Der Test kann Ihnen Auskunft darüber geben, welches Element vorherrschend Ihren Persönlichkeitstyp prägt, das heißt die Grundstruktur und treibende Kraft Ihres Wesens ausmacht.

Wenn Sie das Buch noch nicht gelesen haben, können Sie sich anhand der Fragen bzw. Aussagen im Test bereits mit den wesentlichen Charakterzügen des Abenteurers, Magiers, Vermittlers, Richters und Suchers bekannt machen.

Warum ein Selbst-Test?

Um sich selbst kennen zu lernen, benötigen Sie einen Experten – nämlich sich selbst! Es heißt: »Erkenne dich selbst« und nicht »Lassen Sie sich von Experten sagen, wer Sie sind.« So banal dies klingen mag: Die gesamte Zeit Ihres Lebens waren Sie mit sich selbst zusammen. Niemand kennt deshalb Ihre Reaktionen, Handlungen, Gefühle, Gedanken, Wünsche, Vorlieben und Abneigungen besser als Sie. Sie tragen alle Informationen in sich, die Sie brauchen, um sich selbst zu erkennen.

Dieses Buch mitsamt Test kann Sie jedoch wie eine Landkarte in unbekanntem Terrain darin unterstützen, sich im Rahmen der bewährten Lehre von den Fünf Elementen zu entdecken. Mit Hilfe dieses Systems lässt sich aus Ihren vielen einzelnen Erfahrungen wie aus Puzzleteilen ein Bild Ihrer Persönlichkeit erstellen.

Was brauchen Sie für den Selbsterkennungstest?

Sie brauchen: *Aufrichtigkeit.* Wie man in den Wald ruft, so schallt es heraus! Dieser Test kann nur so deutlich sein, wie Sie gewillt sind, in sich hineinzuhorchen und sich offen und ehrlich zu sich selbst zu bekennen. Lassen Sie sich nicht verleiten vom Wunschdenken nach Wesenszügen, die Sie gern hätten, sondern kreuzen Sie das an, was für Sie zutrifft.

In diesem Test geht es darum, eine Wahl zu treffen und Unterschiede zu machen. Wenn Sie vor Ihrem Kleiderschrank stehen, haben Sie viele Kleidungsstücke in verschiedenen Farben und Stoffen zur Auswahl. Sie werden vielleicht einige anprobieren und sich dann für *eine* Ausstattung entscheiden. Probieren Sie die verschiedenen Aussagen dieses Tests durch und entdecken Sie, in welchem »Anzug« Sie sich wirklich wie zu Hause fühlen.

Bedenken Sie, dass es in den Fünf Elementen kein Richtig oder Falsch, kein Besser oder Schlechter gibt. Jeder Persönlichkeitstyp hat seine Stärken und Schwächen. Winter wie Sommer, Herbst wie Frühling haben ihre eigene Schönheit. Auch das Element, das Sie prägt und Ihnen Ihre unverwechselbare Ausstrahlung verleiht, bleibt mit Ihnen Ihr Leben lang. Sie können Ihr Haar färben, aber nicht Ihre Augenfarbe. Während Sie Ihr Körpergewicht ändern können, bleibt Ihnen Ihre Körpergröße erhalten. Ihr Element bleibt, auch wenn Sie sich wünschen, von einem anderen Element geprägt zu sein. Wie jede Farbe den Regenbogen ergänzt und verschönt, so bereichert auch jeder Persönlichkeitstyp die Menschheit.

Wir alle sind jedoch von bestimmten Wertigkeiten geprägt, mit denen wir aufwuchsen. In den asiatischen Ländern schätzt man generell die Yin-Merkmale höher ein, in den westlichen Ländern zählen dagegen die Yang-Eigenschaften mehr. Auch in jeder Familie und in jeder Nation werden jeweils andere Qualitäten hoch geschätzt. All dies kann Sie darin beeinflussen, mit bestimmten Merkmalen zu liebäugeln und etwas anzukreuzen, was Sie zwar mögen, aber vielleicht gar nicht sind.

Dieses Buch soll Sie nicht verbessern, Sie sollen nicht *anders werden*. Allein die Einsicht in das eigene Wesen und das jeweils bestimmende Element im Hintergrund kann Sie aus der Tretmühle des Vergleichs mit scheinbar besseren Charakterzügen befreien.

Gehen Sie mit diesem Test spielerisch um! Es ist kein Intelligenztest, und Sie müssen keine Prüfung bestehen. Aktivieren Sie die Freuden *aller* Elemente: die Freude des Abenteurers am Neuen, die Freude des Magiers an der Aufregung, die Freude des Vermittlers an der Hilfestellung, die Freude des Richters an einer neuen Methode und die Freude des Suchers, das Geheimnis des eigenen Wesens zu lüften.

Wie Sie den Test ausführen

Beantworten Sie jede der durchnummerierten Fragen bzw. Aussagen nach folgendem Punkte-System:

• Geben Sie 3 Punkte   für: Stimmt absolut.

• Geben Sie 1 Punkt   für: Stimmt meistens.

• Geben Sie 0 Punkte   für: Trifft nicht zu.

Tragen Sie nun die Punktzahl der einzelnen Aussagen in die Auswertungstabelle auf Seite 233 unter der jeweiligen Nummerierung ein.

Zählen Sie dann die Punktzahlen getrennt nach Spalten A, B, C, D + E zusammen, und übertragen Sie diese Zahlen in die Gesamtübersicht auf Seite 234.

Wenn Sie einem Persönlichkeitstypen deutlich die meisten Punkte gegeben haben, lesen Sie das entsprechende Kapitel, in dem die Wesenszüge Ihres Persönlichkeitstypen ausführlich beschrieben werden.

Wenn Sie bei zwei oder drei Persönlichkeitstypen gleich oder fast gleich viele Punkte haben, ist die Wahrscheinlichkeit groß, dass Sie sehr differenziert wahrnehmen und denken. Diese Feinheit der Unterscheidung ist in einem Test dieses Formats nicht unterzubringen. Lesen Sie daher zunächst die entsprechenden Kapitel der gefundenen Persönlichkeitstypen durch. Auf diese Weise können Sie Ihr dominantes Element entdecken.

Durch das Zusammenspiel der Elemente neigen alle Persönlichkeitstypen dazu, verschiedene Qualitäten anderer Elemente zu idealisieren, zu fürchten oder abzulehnen. Die Kapitel auf den Seiten 159ff. können Ihnen die Dynamik der Elemente in ihren Wechselwirkungen aufzeigen und erklären möglicherweise Ihre Zuordnung zu mehreren Persönlichkeitstypen in diesem Test.

Wenn Sie sich nirgendwo auch nur annähernd wiederfinden können, vergessen Sie getrost den Test! Lesen Sie die Kapitel über alle Persönlichkeitstypen einfach spielerisch durch, und versuchen Sie, nichts davon auf sich zu beziehen! Bleiben Sie aber neugierig, ob Sie nicht Freunde, Bekannte oder Arbeitskollegen in den Beschreibungen wieder entdecken können. Widmen Sie besondere Aufmerksamkeit den Kapiteln auf den Seiten 159 bis 169 über das Zusammenspiel der Elemente! Ihr Element wird sich Ihnen bald offenbaren ...

Der Selbsterkennungstest

1. Ich neige dazu, mich in meinem Inneren ständig mit anderen zu vergleichen: »Bin ich besser oder schlechter als sie?«

2. Mich reizt es, ins kalte Wasser zu springen, ohne viel nachzudenken.

3. Ich werde meistens als gesellig, liebenswürdig und entgegenkommend eingeschätzt. Auch fremde Menschen fühlen sich bei mir wie zu Hause.

4. Ich lasse niemanden so schnell an mich heran. Mit fremden Menschen nehme ich von mir aus nur zögernd Kontakt auf.

5. Meine Fröhlichkeit und mein Lachen sind ansteckend.

6. Ich kann gut zwischen gegensätzlichen Meinungen oder Parteien vermitteln, so dass alle zufrieden sind.

7. Der Augenblick ist der einzige Moment, der zählt. Die Vergangenheit ist vorbei, und an die Zukunft mag ich nicht denken.

8. Ich löse Konflikte und Probleme mit kühlem Kopf und klarem Verstand. Gefühle sind da nur hinderlich.

9. Viele Dinge, die ich mir wünsche, scheinen mir einfach und leicht zuzufliegen.

10. Ich bin ziemlich introvertiert. Ich kann stundenlang einfach dasitzen und meinen Gedanken nachhängen. Meine besten Einfälle und Einsichten bekomme ich auf diese Weise.

11. Ich brauche viel Bewegung, um mich richtig wohl zu fühlen. Ich muss immer etwas unternehmen und tun.

12. Der größte Genuss ist es, mit meinen Liebsten gemütlich zu faulenzen.

13. Ich bin gern der Boss und bestimme, wo es langgeht.

14. Ich bestehe auf klaren Absprachen, Verantwortlichkeiten und Regeln, damit ich weiß, woran ich mich halten kann.

15. Wenn schnelle Entscheidungen verlangt werden, bin ich der Richtige.

16. Ich lasse mich schnell begeistern und kann auch andere so schnell begeistern, dass Widerstände und Gegensätze wie Schnee unter der Sonne weg schmelzen.

17. Ich tüftele gern vor mich hin und finde Lösungen selbst heraus.

18. Mir wird bei großen Veränderungen immer ganz mulmig zumute. Ich habe es am liebsten, wenn alles beim Alten und Vertrauten bleibt.

19. Wenn etwas nicht nach meinem Willen läuft, ärgere ich mich schnell und muss meinem Ärger irgendwie Luft machen.

20. Meine Beliebtheit hat oft damit zu tun, dass es mir Freude macht, eine entspannte Atmosphäre zu schaffen, in der sich meine Kollegen und Freunde wohl fühlen können.

21. Ich behalte meine Gedanken, Gefühle und Meinungen am liebsten für mich. Aber wenn ich etwas sage, kommt die Wahrheit ziemlich unverblümt raus.

22. Ich kann stundenlang von mir, meinen Phantasien und Träumen reden.

23. Das Einhalten von ethischen und moralischen Grundsätzen werte ich viel höher als das Ausleben kurzlebiger, spontaner Träume und Gelüste.

24. Ich bin verliebt ins Verliebtsein.

25. Ich bin kritisch und scharfsinnig. Manchmal kann ich es nicht lassen, alles zu kritisieren.

26. Mir geht es am besten, wenn ich aus dem Bauch heraus entscheiden kann und meinen Impulsen folge.

27. Ich mische mich nicht in die Dinge anderer Leute ein und will auch selbst am liebsten in Ruhe gelassen werden.

28. Manche Leute meinen, ich mische mich zu viel in alles ein. Dabei will ich für jeden nur das Beste.

29. Es ist immer aufregend, neue Menschen kennen zu lernen und zu flirten.

30. Mich reizen Grenzerfahrungen mit Risiko, in Arbeit wie auch Freizeit. Wer wagt, gewinnt!

31. Eine Hand wäscht die andere. Ich brauche andere Menschen und andere brauchen mich. Das ist für mich ein Garant für stabile Beziehungen.

32. Freiheit und Unabhängigkeit sind für mich lebensnotwendig. Wenn ich von anderen abhängig bin, fühle ich mich wie ein Tiger im Käfig.

33. Manche Menschen finden, ich sei ein Paradiesvogel: schillernd, etwas abgehoben und leichtsinnig.

34. In allem, was ich tue, strebe ich nach Meisterschaft und Perfektion.

35. Ich bin bescheiden und sparsam.

36. Ich lege besonderen Wert darauf, harmonisch miteinander auszukommen.

37. Ich liebe intensive Gefühle und wünschte, die ganze Welt wäre wie ich.

38. Aus Angst, in meiner Empfindsamkeit verletzt zu werden, halte ich mich lieber bedeckt.

39. Meine Führungsqualitäten kommen erst richtig zur Geltung, wenn ich gefordert werde.

40. Ich gehe meine Aufgaben methodisch, analytisch und objektiv an.

41. Ich lasse mir von Zweiflern, Kritikern und Bürohengsten nichts sagen. Gerade dann will ich beweisen, dass ich es schaffe.

42. Ich schätze meine kleinen alltäglichen Rituale. Ein geordneter und überschaubarer Tagesablauf gibt mir genug Sicherheit, um mich auf die wichtigen Themen und Aufgaben in meinem Leben zu konzentrieren.

43. Ich hebe gern alles Mögliche auf. Man weiß nie, ob man es nicht noch mal brauchen kann.

44. Wenn ich will, kann ich so attraktiv und magnetisch wirken, dass sich keiner meiner Ausstrahlung zu entziehen vermag.

45. Manche Leute empfinden mich als laut, provokativ und rebellisch.

46. Manche Menschen halten mich manchmal für einen unnahbaren Eigenbrötler.

47. Ich lege Wert auf korrektes, gepflegtes und einfaches Äußeres.

48. Für mich muss das Leben immer dramatisch und mitreißend sein.

49. Auf meine Loyalität und Hilfsbereitschaft kann man sich Tag und Nacht verlassen.

50. In meinem Leben spielt es eine große Rolle, immer das Angemessene und Richtige zu tun.

51. Ich stehe gern im Rampenlicht.

52. Wenn ich etwas erfolgreich geleistet habe, sollen es auch alle wissen. Ich werde für meine Taten gern bewundert.

53. Mir sind genaue Zeitpläne wichtig. Ich stelle sie auf und möchte auch, dass andere sich daran halten.

54. Obwohl ich oberflächliche Gespräche nicht mag, fällt es mir oft schwer, mich vertrauensvoll mitzuteilen.

55. Ich kann mit meinem Verstand klar unterscheiden, was für mich gut und nützlich oder schlecht und unbrauchbar ist.

56. Ich beziehe mich gern darauf, wie man früher gelebt hat. Aus der guten alten Zeit kann man viel lernen.

57. Mein Privatleben ist unkompliziert und anspruchslos.

58. Mit meiner Neugier will ich allen Fragen auf den Grund gehen und die wahre Ursache herausfinden – ganz gleich, ob es um ein kaputtes Radio, Beziehungskrisen oder den Sinn des Lebens geht.

59. Ich bin ehrgeizig und liebe einen guten Wettbewerb oder Kampf. Ich will dann unbedingt der Beste sein.

60. Ich stelle gern meine Bedürfnisse und Meinungen zurück, um Unstimmigkeiten zu vermeiden.

61. Wenn ich irgendetwas auf der Spur bin, entwickle ich große Zähigkeit.

62. Manche Menschen erleben meine Zurückhaltung als Teilnahmslosigkeit, mein diszipliniertes Verhalten als steif und meine Diskretion als Arroganz.

63. Rätsel, Mysterien, Wissen und Weisheit ziehen mich magisch an.

64. Ich ziehe die Position der Mitte vor, bei Extremen wird mir ungemütlich.

65. Ich bin am liebsten in Gesellschaft von eindrucksvollen, inspirierenden und außergewöhnlichen Menschen.

Auswertung des
Selbsterkennungstests

Tragen Sie neben der Nummer der jeweiligen Aussage
Ihre Punktzahl ein:

A	B	C	D	E
2	5	3	1	4
11	7	6	8	10
13	9	12	14	17
15	16	18	23	21
19	22	20	34	25
26	24	28	40	27
30	29	31	42	35
32	33	36	47	38
39	37	43	50	46
41	44	49	53	54
45	48	56	55	58
52	51	60	57	61
59	65	64	62	63
Summe	Summe	Summe	Summe	Summe

Übertragen Sie die Summen in die folgende Gesamtübersicht auf der nächsten Seite.

(A) Holz
Abenteurer

Punkte:

(B) Feuer
Magier

Punkte:

(**C) Erde**
Vermittler

Punkte:

(D) Metall
Richter

Punkte:

(E) Wasser
Sucher

Punkte:

Anhang

Glossar

Feng Shui
Wörtlich: »Wind und Wasser«. Es handelt sich um die chinesische Lehre vom Wohnen und Bauen im Einklang mit der Natur und ihren Kräften. Die Lehre entstand aus der intensiven Beobachtung der Abläufe und Rhythmen in der Natur und deren Einfluss auf Gesundheit und Wohlbefinden, Glück und Erfolg des Menschen in seiner Wohn- und Arbeitssituation. Feng Shui wird in China seit Jahrtausenden bis zum heutigen Tag angewandt.

Fünf Elemente
Der chinesische Ausdruck »Wu Xing« wird auch als die »Fünf Wandlungsphasen«, die »Fünf Bewegungen« oder die »Fünf Energien« übersetzt, womit der dynamische Charakter stärker zum Ausdruck kommt. Da sich der Name »Fünf Elemente« über die Jahrzehnte in Fachkreisen eingebürgert hat, wurde diese Bezeichnung in diesem Buch beibehalten.
Die Fünf Elemente sind ein Erklärungsmodell für die Kräfte in der Natur und ihre Wirkung auf den Menschen. Sie bezeichnen verschiedene Erscheinungsformen des Qi und bilden komplexe Entsprechungssysteme sowohl im Makrokosmos wie auch im Mikrokosmos.

Kontrollzyklus
Eines der Wechselwirkungen, mit denen sich die Elemente untereinander beeinflussen, ist der Kontrollzyklus (Ko-Zyklus). In diesem Zyklus kontrolliert, reguliert und beschränkt ein Element immer das übernächste Element in folgender festgelegter Reihenfolge: Holz kontrolliert Erde, Erde kontrolliert Wasser, Wasser kontrolliert Feuer, Feuer kontrolliert Metall, Metall kontrolliert Holz. Der Kontrollzyklus gewährleistet, dass kein Element Überhand gewinnt.

Qi

Qi (gesprochen Tschi) ist die vitale Energie, die immaterielle Lebenskraft, die unser Universum bewegt und allen Lebewesen innewohnt. Der göttliche Odem aus der Bibel, das Prana im indischen Sanskrit oder die Bioenergie Wilhelm Reichs bezeichnen in unterschiedlichen Kulturen dasselbe Phänomen. Wahrzunehmen ist Qi an seinen Auswirkungen von Bewegung und Transformation, zum Beispiel Wärme, Licht, elektrische Spannung oder im menschlichen Körper als Ausdruckskraft, Lebendigkeit oder Pulsschlag. Die Chinesen unterscheiden Yin-und-Yang-Qi als Pole elektromagnetischer Spannungsfelder. Das Qi im Menschen kann von Atmung, Körperübungen, Ernährung und Meditation stark beeinflusst werden. Die chinesischen Heiler greifen unter anderem durch Akupunktur, Akupressur oder Qi-Gong in den Qi-Haushalt ein, um Ausgewogenheit und damit Gesundung zu erreichen.

Qi-Gong

Chinesische Atem-und Bewegungsübungen, die der Sammlung, dem Aufbau und der Kontrolle des Qi dienen. Qi-Gong hat vier Ziele: Gesundheit, Langlebigkeit, Kampfkraft und spirituelles Erwachen. Neben der eigenen Anwendung für diese Ziele existieren in China auch Kliniken, in denen Heiler die durch Qi-Gong angesammelten Kräfte nutzen, um Patienten zu behandeln.

Schöpfungszyklus

Der Schöpfungszyklus (auch Sheng-, Ernährungs- oder Mutter-Kind-Zyklus genannt) bezeichnet die unterstützende und nährende Funktion im Zusammenspiel der Fünf Elemente. Wie bei den Jahreszeiten geht immer ein Element dem anderen voraus und erzeugt das nächste Element: Holz erzeugt Feuer, Feuer erzeugt Erde, Erde erzeugt Metall, Metall erzeugt Wasser, und Wasser erzeugt Holz.

Shiatsu

Eine japanische Heilmethode, in der durch Fingerdruck an bestimmten Energiepunkten des Körpers Qi stimuliert wird, um die gesundheitliche Balance des Menschen wiederherzustelllen.

Tao

Das chinesische Schriftzeichen beinhaltet zwei Symbole: »Gehen« und »Kopf« und bedeutet: »Weg« oder »Pfad«. In der chinesischen Philosophie ist das Tao die Quelle allen Wissens, das »Eine«, aus dem sich die »Zehntausend Dinge entwickelten«. Da das Tao nicht in Worte zu fassen ist, muss man es in Meditation erfahren, in Gedichten zwischen den Zeilen lesen oder auf die Gnade höherer Einsicht warten. Um in den Zustand des Tao einzutauchen, entwickelten sich in China viele Mysterienschulen mit unterschiedlichen Ansätzen.

Tai Chi Chuan

Die Bewegungsübungen des Tai Chi Chuan entwickelten sich aus der Kampfkunst (Wu-Shu) und wurden früher auch als »Schattenboxen« bezeichnet. Die Figuren oder Folgen des Tai Chi Chuan werden in China bis heute in öffentlichen Parks und Plätzen gelehrt und dienen dem Ausgleich und der Stärkung des Qi.

Yang

Wörtlich: »Die sonnige Seite des Hügels.« Yang ist eine der zwei polaren Kräfte des Qi, die das Universum gestalten. Yang ist der Gegensatz und die Ergänzung zu Yin. In der Fünf-Elemente-Lehre wird Holz als das »kleine Yang« und das Feuer als das »große Yang« bezeichnet.

Yin

Wörtlich: »Die schattige Seite des Hügels.« Yin ist eine der zwei polaren Kräfte des Qi, die das Universum gestalten. Yin ist der Gegensatz und die Ergänzung zu Yang. In der Fünf-Elemente-Lehre wird das Metall als das »kleine Yin« und das Wasser als das »große Yin« bezeichnet.

Literatur

Bauer, Erich/Karstädt, Uwe: *Das Tao der Küche*. Weyarn 1996 und München 1998

Beinfield, Harriet/Korngold: *Efrem, Between Heaven and Earth*. New York 1991

Chuen, Lam Kam: *Das Feng Shui Handbuch*. Sulzberg 1996

Connelly, Dianne M.: *Traditionelle Akupunktur: Das Gesetz der Fünf Elemente*. Heidelberg 2. Aufl. 1995

Cousens, Gabriel: *Ganzheitliche Ernährung*. Frankfurt 1995

Durell, Lawrence: *Das Lächeln des Tao*. München, 1997

Eckert, Achim: *Das heilende Tao*. Freiburg 6. Aufl. 1996

Eckert, Achim: *Das Tao der Medizin*. Heidelberg 1996

Heinen, Martha P.: *Kochen und leben mit den Fünf Elementen*, Aitrang 3. Aufl. 1997

Hoffman, Kay/Redl, Franz: *Tao des Feierns*. Hamburg 1993

Kaptchuk, Ted. J.: *The web that has no weaver*. New York 1983

Maciocia, Giovanni: *Foundations of Chinese Medicine*. London 1989

Maciocia, Giovanni: *The Practice of Chinese Medicine*. London 1994

Pollmann, Antonius: *Fünf Wandlungsphasen in fünf Streichen*. Heidelberg 2. Aufl. 1996

Reid, Daniel: *The Tao of Health, Sex and Longevity*. London 1989

Reid, Daniel: *The complete book of chinese health and healing*. Boston 1995

Requena, Ives: *Charakter and Health*. Brookline 1989

Ros, Frank: *Geheimnisse ayurwedischer Akupunktur*. Aitrang 1995

Rossbach, Sarah: *Feng Shui*. München 1989

Schmidt, Wolfgang, G.: *Der Klassiker des Gelben Kaisers zur Inneren Medizin*. Freiburg 1996

Seem, Mark: *Bodymind Energetics*. Vermont 1989

Temelie, Barbara: *Ernährung nach den Fünf Elementen*. Sulzberg, 13. Aufl. 1996

Temelie, Barbara/Trebuth, Beatrice: *Das Fünf Elemente Kochbuch*. Sulzberg 8. Aufl. 1996

Terrades, Derek: *Menschentyp und Heilmethoden*. CH-Kreuzlingen 1996

Thompson, Angel: *Feng Shui in der Praxis*. CH-Wettswil 1997

Walters, Derek: *Feng Shui*. CH-Wettswil 2. Aufl. 1992

Dank

An dieser Stelle möchte ich mich für die wertvollen Anregungen meiner Familie, Freunde, Studenten und Klienten bedanken.

Besonders erwähnen möchte ich Floriane, die mich nicht nur auf unorthodoxe Weise zur chinesischen Medizin führte, sondern auch – nicht nur für dieses Buch – mit ihrer Intuition, Geduld und – wenn nötig – auch Ungeduld zur Seite stand.

Meinem Sohn Sundro danke ich für die Toleranz meiner geistigen Abwesenheit. Er durfte miterleben, wie viel länger es braucht, ein Buch zu schreiben, als eines zu lesen.

Nicht zuletzt danke ich der Lektorin Ulrike Reverey, die mit Einfühlungsvermögen und Begeisterung das Thema aufgriff und mit nimmermüder Zähigkeit Ideen verfolgte, bis sie zu unserer Zufriedenheit umgesetzt waren.

Nachwort

Dieses Buch erfüllt seine Bestimmung, wenn es dem Leser als Anregung dient, sich auf die Suche nach sich selbst zu begeben. Die Beschreibungen der Elemente und ihrer Persönlichkeitstypen sind nicht als statische, sondern als bildende, sich formende und veränderbare Aussagen zu verstehen. Der Leser selbst muss entscheiden, was ihm dient und was er verwirft. Die chinesische Medizin, ihre Philosophie und Theorie wären nicht da, wo sie jetzt sind, ohne die Zusammenarbeit und den Dialog des Patienten mit dem Heiler, des Schülers mit dem Meister, des Zuhörers mit dem Vortragenden.

Dieses Buch entstand auf diesem Weg und ich bin neugierig, welche Formen sich aus ihm weiterentwickeln werden.

Uwe Karstädt

Der Autor arbeitet in seiner Naturheilpraxis mit chinesischer Medizin und der Lehre von den Fünf Elementen. Zu den genannten Themen hält er Vorträge und veranstaltet Seminare und Ausbildungen.

Bitte wenden Sie sich an:

    Praxis für Chinesische Medizin
    Uwe Karstädt
    Schönfeldstr. 8
    80539 München
    Fax: 089/41 90 19 83